T&P BOOKS

AFRIKAANS

WOORDENSCHAT

THEMATISCHE WOORDENLIJST

NEDERLANDS
AFRIKAANS

De meest bruikbare woorden
Om uw woordenschat uit te breiden en
uw taalvaardigheid aan te scherpen

3000 woorden

Thematische woordenschat Nederlands-Afrikaans - 3000 woorden

Door Andrey Taranov

Woordenlijsten van T&P Books zijn bedoeld om u woorden van een vreemde taal te helpen leren, onthouden, en bestudering. Dit woordenboek is ingedeeld in thema's en behandelt alle belangrijk terreinen van het dagelijkse leven, bedrijven, wetenschap, cultuur, etc.

Het proces van het leren van woorden met behulp van de op thema's gebaseerde aanpak van T&P Books biedt u de volgende voordelen:

- Correct gegroepeerde informatie is bepalend voor succes bij opeenvolgende stadia van het leren van woorden
- De beschikbaarheid van woorden die van dezelfde stam zijn maakt het mogelijk om woordgroepen te onthouden (in plaats van losse woorden)
- Kleine groepen van woorden faciliteren het proces van het aanmaken van associatieve verbindingen, die nodig zijn bij het consolideren van de woordenschat
- Het niveau van talenkennis kan worden ingeschat door het aantal geleerde woorden

T&P Books Publishing
www.tpbooks.com

ISBN: 978-1-78716-518-2

Dit boek is ook beschikbaar in e-boek formaat.
Gelieve www.tpbooks.com te bezoeken of de belangrijkste online boekwinkels.

AFRIKAANSE WOORDENSCHAT
nieuwe woorden leren

T&P Books woordenlijsten zijn bedoeld om u te helpen vreemde woorden te leren, te onthouden, en te bestuderen. De woordenschat bevat meer dan 3000 veel gebruikte woorden die thematisch geordend zijn.

- De woordenlijst bevat de meest gebruikte woorden
- Aanbevolen als aanvulling bij welke taalcursus dan ook
- Voldoet aan de behoeften van de beginnende en gevorderde student in vreemde talen
- Geschikt voor dagelijks gebruik, bestudering en zelftestactiviteiten
- Maakt het mogelijk om uw woordenschat te evalueren

Bijzondere kenmerken van de woordenschat

- De woorden zijn gerangschikt naar hun betekenis, niet volgens alfabet
- De woorden worden weergegeven in drie kolommen om bestudering en zelftesten te vergemakkelijken
- Woorden in groepen worden verdeeld in kleine blokken om het leerproces te vergemakkelijken
- De woordenschat biedt een handige en eenvoudige beschrijving van elk buitenlands woord

De woordenschat bevat 101 onderwerpen zoals:

Basisconcepten, getallen, kleuren, maanden, seizoenen, meeteenheden, kleding en accessoires, eten & voeding, restaurant, familieleden, verwanten, karakter, gevoelens, emoties, ziekten, stad, dorp, bezienswaardigheden, winkelen, geld, huis, thuis, kantoor, werken op kantoor, import & export, marketing, werk zoeken, sport, onderwijs, computer, internet, gereedschap, natuur, landen, nationaliteiten en meer ...

INHOUDSOPGAVE

UITSPRAAKGIDS

T&P fonetisch alfabet	Afrikaans voorbeeld	Nederlands voorbeeld
[a]	land	acht
[ā]	straat	aan, maart
[æ]	hout	Nederlands Nedersaksisch - dät, Engels - cat
[o], [ɔ]	Australië	overeenkomst, bot
[e]	metaal	delen, spreken
[ɛ]	aanlê	elf, zwembad
[ə]	filter	formule, wachten
[ɪ]	uur	iemand, die
[i]	billik	bidden, tint
[ī]	naïef	team, iemand
[o]	koppie	overeenkomst
[ø]	akteur	neus, beu
[œ]	fluit	Duits - 'Hölle'
[u]	hulle	hoed, doe
[ʊ]	hout	hoed, doe
[b]	bakker	hebben
[d]	donder	Dank u, honderd
[f]	navraag	feestdag, informeren
[g]	burger	goal, tango
[h]	driehoek	het, herhalen
[j]	byvoeg	New York, januari
[k]	kamera	kennen, kleur
[l]	loon	delen, luchter
[m]	môre	morgen, etmaal
[n]	neef	nemen, zonder
[p]	pyp	parallel, koper
[r]	rigting	roepen, breken
[s]	oplos	spreken, kosten
[t]	lood, tenk	tomaat, taart
[v]	bewaar	beloven, schrijven
[w]	oorwinnaar	twee, willen
[z]	zoem	zeven, zesde
[dʒ]	enjin	jeans, jungle
[ʃ]	artisjok	shampoo, machine
[ŋ]	kans	optelling, jongeman
[tʃ]	tjek	Tsjechië, cello
[ʒ]	beige	journalist, rouge
[x]	agent	licht, school

AFKORTINGEN
gebruikt in de woordenschat

Nederlandse afkortingen

abn	-	als bijvoeglijk naamwoord
bijv.	-	bijvoorbeeld
bn	-	bijvoeglijk naamwoord
bw	-	bijwoord
enk.	-	enkelvoud
enz.	-	enzovoort
form.	-	formele taal
inform.	-	informele taal
mann.	-	mannelijk
mil.	-	militair
mv.	-	meervoud
on.ww.	-	onovergankelijk werkwoord
ontelb.	-	ontelbaar
ov.	-	over
ov.ww.	-	overgankelijk werkwoord
telb.	-	telbaar
vn	-	voornaamwoord
vrouw.	-	vrouwelijk
vw	-	voegwoord
vz	-	voorzetsel
wisk.	-	wiskunde
ww	-	werkwoord

Nederlandse artikelen

de	-	gemeenschappelijk geslacht
de/het	-	gemeenschappelijk geslacht, onzijdig
het	-	onzijdig

BASISBEGRIPPEN

1. Voornaamwoorden

Ik	ek, my	[ɛk], [maj]
jij, je	jy	[jaj]
hij	hy	[haj]
zij, ze	sy	[saj]
het	dit	[dit]
wij, we	ons	[ɔŋs]
jullie	julle	[jullə]
U (form., enk.)	u	[u]
U (form., mv.)	u	[u]
zij, ze	hulle	[hullə]

2. Begroetingen. Begroetingen

Hallo!	Hallo!	[hallo!]
Goedemorgen!	Goeie môre!	[χuje mɔrə!]
Goedemiddag!	Goeiemiddag!	[χuje·middaχ!]
Goedenavond!	Goeienaand!	[χuje·nãnt!]
gedag zeggen (groeten)	dagsê	[daχsɛ:]
Hoi!	Hallo!	[hallo!]
groeten (het)	groet	[χrut]
verwelkomen (ww)	groet	[χrut]
Hoe gaat het?	Hoe gaan dit?	[hu χãn dit?]
Hoe gaat het met u?	Hoe gaan dit?	[hu χãn dit?]
Is er nog nieuws?	Hoe gaan dit?	[hu χãn dit?]
Dag! Tot ziens!	Totsiens!	[totsiŋs!]
Tot ziens! (form.)	Totsiens!	[totsiŋs!]
Doei!	Koebaai!	[kubãi!]
Tot snel! Tot ziens!	Totsiens!	[totsiŋs!]
Vaarwel!	Totsiens!	[totsiŋs!]
afscheid nemen (ww)	afskeid neem	[afskæjt neəm]
Tot kijk!	Koebaai!	[kubãi!]
Dank u!	Dankie!	[danki!]
Dank u wel!	Baie dankie!	[baje danki!]
Graag gedaan	Plesier	[plesir]
Geen dank!	Plesier!	[plesir!]
Geen moeite.	Plesier	[plesir]
Excuseer me, ...	Verskoon my!	[ferskoən maj!]
excuseren (verontschuldigen)	verskoon	[ferskoən]

zich verontschuldigen	verskoning vra	[ferskoniŋ fra]
Mijn excuses.	Verskoning	[ferskoniŋ]
Het spijt me!	Ek is jammer!	[ɛk is jammər!]
vergeven (ww)	vergewe	[ferχevə]
Maakt niet uit!	Maak nie saak nie!	[māk ni sāk ni!]
alsjeblieft	asseblief	[asseblif]

Vergeet het niet!	Vergeet dit nie!	[ferχeət dit ni!]
Natuurlijk!	Beslis!	[beslis!]
Natuurlijk niet!	Natuurlik nie!	[natɪrlik ni!]
Akkoord!	OK!	[okej!]
Zo is het genoeg!	Dis genoeg!	[dis χenuχ!]

3. Vragen

Wie?	Wie?	[vi?]
Wat?	Wat?	[vat?]
Waar?	Waar?	[vār?]
Waarheen?	Waarheen?	[vārheən?]
Waarvandaan?	Waarvandaan?	[vārfandān?]
Wanneer?	Wanneer?	[vanneər?]
Waarom?	Hoekom?	[hukom?]
Waarom?	Hoekom?	[hukom?]

Waarvoor dan ook?	Vir wat?	[fir vat?]
Hoe?	Hoe?	[hu?]
Wat voor ...?	Watter?	[vattər?]
Welk?	Watter een?	[vattər eən?]

Aan wie?	Vir wie?	[fir vi?]
Over wie?	Oor wie?	[oər vi?]
Waarover?	Oor wat?	[oər vat?]
Met wie?	Met wie?	[met vi?]
Hoeveel?	Hoeveel?	[hufeəl?]

4. Voorzetsels

met (bijv. ~ beleg)	met	[met]
zonder (~ accent)	sonder	[sondər]
naar (in de richting van)	na	[na]
over (praten ~)	oor	[oər]
voor (in tijd)	voor	[foər]
voor (aan de voorkant)	voor ...	[foər ...]

onder (lager dan)	onder	[ondər]
boven (hoger dan)	oor	[oər]
op (bovenop)	op	[op]
van (uit, afkomstig van)	uit	[œit]
van (gemaakt van)	van	[fan]

over (bijv. ~ een uur)	oor	[oər]
over (over de bovenkant)	oor	[oər]

5. Functiewoorden. Bijwoorden. Deel 1

Waar?	Waar?	[vãr?]
hier (bw)	hier	[hir]
daar (bw)	daar	[dãr]
ergens (bw)	êrens	[ærɛŋs]
nergens (bw)	nêrens	[nærɛŋs]
bij ... (in de buurt)	by	[baj]
bij het raam	by	[baj]
Waarheen?	Waarheen?	[vãrheən?]
hierheen (bw)	hier	[hir]
daarheen (bw)	soontoe	[soentu]
hiervandaan (bw)	hiervandaan	[hirfandãn]
daarvandaan (bw)	daarvandaan	[dãrfandãn]
dichtbij (bw)	naby	[nabaj]
ver (bw)	ver	[fer]
in de buurt (van ...)	naby	[nabaj]
dichtbij (bw)	naby	[nabaj]
niet ver (bw)	nie ver nie	[ni fər ni]
linker (bn)	linker-	[linkər-]
links (bw)	op linkerhand	[op linkərhant]
linksaf, naar links (bw)	na links	[na links]
rechter (bn)	regter	[reχtər]
rechts (bw)	op regterhand	[op reχtərhant]
rechtsaf, naar rechts (bw)	na regs	[na reχs]
vooraan (bw)	voor	[foər]
voorste (bn)	voorste	[foərstə]
vooruit (bw)	vooruit	[foərœit]
achter (bw)	agter	[aχtər]
van achteren (bw)	van agter	[fan aχtər]
achteruit (naar achteren)	agtertoe	[aχtərtu]
midden (het)	middel	[middəl]
in het midden (bw)	in die middel	[in di middəl]
opzij (bw)	op die sykant	[op di sajkant]
overal (bw)	orals	[orals]
omheen (bw)	orals rond	[orals ront]
binnenuit (bw)	van binne	[fan binnə]
naar ergens (bw)	êrens	[ærɛŋs]
rechtdoor (bw)	reguit	[reχœit]
terug (bijv. ~ komen)	terug	[teruχ]
ergens vandaan (bw)	êrens vandaan	[ærɛŋs fandãn]
ergens vandaan	êrens vandaan	[ærɛŋs fandãn]
(en dit geld moet ~ komen)		

ten eerste (bw)	in die eerste plek	[in di eərstə plek]
ten tweede (bw)	in die tweede plek	[in di tweədə plek]
ten derde (bw)	in die derde plek	[in di derdə plek]

plotseling (bw)	skielik	[skilik]
in het begin (bw)	aan die begin	[ān di beχin]
voor de eerste keer (bw)	vir die eerste keer	[fir di eərstə keər]
lang voor ... (bw)	lank voordat ...	[lank foərdat ...]
opnieuw (bw)	opnuut	[opnɪt]
voor eeuwig (bw)	vir goed	[fir χut]

nooit (bw)	nooit	[nojt]
weer (bw)	weer	[veər]
nu (bw)	nou	[næʊ]
vaak (bw)	dikwels	[dikwɛls]
toen (bw)	toe	[tu]
urgent (bw)	dringend	[driŋən]
meestal (bw)	gewoonlik	[χevoənlik]

trouwens, ... (tussen haakjes)	terloops, ...	[terloəps], [...]
mogelijk (bw)	moontlik	[moentlik]
waarschijnlijk (bw)	waarskynlik	[vārskajnlik]
misschien (bw)	dalk	[dalk]
trouwens (bw)	trouens...	[træʊɛŋs...]
daarom ...	dis hoekom ...	[dis hukom ...]
in weerwil van ...	ondanks ...	[ondanks ...]
dankzij ...	danksy ...	[danksaj ...]

wat (vn)	wat	[vat]
dat (vw)	dat	[dat]
iets (vn)	iets	[its]
iets	iets	[its]
niets (vn)	niks	[niks]

wie (~ is daar?)	wie	[vi]
iemand (een onbekende)	iemand	[imant]
iemand (een bepaald persoon)	iemand	[imant]

niemand (vn)	niemand	[nimant]
nergens (bw)	nêrens	[nærɛŋs]
niemands (bn)	niemand se	[nimant sə]
iemands (bn)	iemand se	[imant sə]

zo (Ik ben ~ blij)	so	[so]
ook (evenals)	ook	[oək]
alsook (eveneens)	ook	[oək]

6. Functiewoorden. Bijwoorden. Deel 2

Waarom?	Waarom?	[vārom?]
omdat ...	omdat ...	[omdat ...]
en (vw)	en	[ɛn]

of (vw)	of	[of]
maar (vw)	maar	[mār]
voor (vz)	vir	[fir]

te (~ veel mensen)	te	[te]
alleen (bw)	net	[net]
precies (bw)	presies	[presis]
ongeveer (~ 10 kg)	ongeveer	[onχəfeər]

omstreeks (bw)	ongeveer	[onχəfeər]
bij benadering (bn)	geraamde	[χerāmdə]
bijna (bw)	amper	[ampər]
rest (de)	die res	[di res]

de andere (tweede)	die ander	[di andər]
ander (bn)	ander	[andər]
elk (bn)	elke	[ɛlkə]
om het even welk	enige	[ɛniχə]
veel (grote hoeveelheid)	baie	[baje]
veel mensen	baie mense	[baje mɛŋsə]
iedereen (alle personen)	almal	[almal]

in ruil voor ...	in ruil vir...	[in rœil fir...]
in ruil (bw)	as vergoeding	[as ferχudiŋ]
met de hand (bw)	met die hand	[met di hant]
onwaarschijnlijk (bw)	skaars	[skārs]

waarschijnlijk (bw)	waarskynlik	[vārskajnlik]
met opzet (bw)	opsetlik	[opsetlik]
toevallig (bw)	toevallig	[tufalləχ]

zeer (bw)	baie	[baje]
bijvoorbeeld (bw)	byvoorbeeld	[bajfoərbeəlt]
tussen (~ twee steden)	tussen	[tussən]
tussen (te midden van)	tussen	[tussən]
zoveel (bw)	so baie	[so baje]
vooral (bw)	veral	[feral]

GETALLEN. DIVERSEN

7. Kardinale getallen. Deel 1

nul	nul	[nul]
een	een	[eən]
twee	twee	[tweə]
drie	drie	[dri]
vier	vier	[fir]

vijf	vyf	[fajf]
zes	ses	[ses]
zeven	sewe	[sevə]
acht	ag	[aχ]
negen	nege	[neχə]

tien	tien	[tin]
elf	elf	[ɛlf]
twaalf	twaalf	[twālf]
dertien	dertien	[dertin]
veertien	veertien	[feərtin]

vijftien	vyftien	[fajftin]
zestien	sestien	[sestin]
zeventien	sewetien	[sevətin]
achttien	agtien	[aχtin]
negentien	negetien	[neχetin]

twintig	twintig	[twintəχ]
eenentwintig	een-en-twintig	[eən-en-twintəχ]
tweeëntwintig	twee-en-twintig	[tweə-en-twintəχ]
drieëntwintig	drie-en-twintig	[dri-en-twintəχ]

dertig	dertig	[dertəχ]
eenendertig	een-en-dertig	[eən-en-dertəχ]
tweeëndertig	twee-en-dertig	[tweə-en-dertəχ]
drieëndertig	drie-en-dertig	[dri-en-dertəχ]

veertig	veertig	[feərtəχ]
eenenveertig	een-en-veertig	[eən-en-feərtəχ]
tweeënveertig	twee-en-veertig	[tweə-en-feərtəχ]
drieënveertig	vier-en-veertig	[fir-en-feərtəχ]

vijftig	vyftig	[fajftəχ]
eenenvijftig	een-en-vyftig	[eən-en-fajftəχ]
tweeënvijftig	twee-en-vyftig	[tweə-en-fajftəχ]
drieënvijftig	drie-en-vyftig	[dri-en-fajftəχ]

zestig	sestig	[sestəχ]
eenenzestig	een-en-sestig	[eən-en-sestəχ]

| tweeënzestig | twee-en-sestig | [twee-en-sestəx] |
| drieënzestig | drie-en-sestig | [dri-en-sestəx] |

zeventig	sewentig	[seventəx]
eenenzeventig	een-en-sewentig	[een-en-seventəx]
tweeënzeventig	twee-en-sewentig	[twee-en-seventəx]
drieënzeventig	drie-en-sewentig	[dri-en-seventəx]

tachtig	tagtig	[taxtəx]
eenentachtig	een-en-tagtig	[een-en-taxtəx]
tweeëntachtig	twee-en-tagtig	[twee-en-taxtəx]
drieëntachtig	drie-en-tagtig	[dri-en-taxtəx]

negentig	negentig	[nexentəx]
eenennegentig	een-en-negentig	[een-en-nexentəx]
tweeënnegentig	twee-en-negentig	[twee-en-nexentəx]
drieënnegentig	drie-en-negentig	[dri-en-nexentəx]

8. Kardinale getallen. Deel 2

honderd	honderd	[hondərt]
tweehonderd	tweehonderd	[twee·hondərt]
driehonderd	driehonderd	[dri·hondərt]
vierhonderd	vierhonderd	[fir·hondərt]
vijfhonderd	vyfhonderd	[fajf·hondərt]

zeshonderd	seshonderd	[ses·hondərt]
zevenhonderd	sewehonderd	[seve·hondərt]
achthonderd	aghonderd	[ax·hondərt]
negenhonderd	negehonderd	[nexe·hondərt]

duizend	duisend	[dœisent]
tweeduizend	tweeduisend	[twee·dœisent]
drieduizend	drieduisend	[dri·dœisent]
tienduizend	tienduisend	[tin·dœisent]
honderdduizend	honderdduisend	[hondərt·dajsent]
miljoen (het)	miljoen	[miljun]
miljard (het)	miljard	[miljart]

9. Ordinale getallen

eerste (bn)	eerste	[eerstə]
tweede (bn)	tweede	[tweedə]
derde (bn)	derde	[derdə]
vierde (bn)	vierde	[firdə]
vijfde (bn)	vyfde	[fajfdə]

zesde (bn)	sesde	[sesdə]
zevende (bn)	sewende	[sewendə]
achtste (bn)	agste	[axstə]
negende (bn)	negende	[nexendə]
tiende (bn)	tiende	[tində]

KLEUREN. MEETEENHEDEN

10. Kleuren

kleur (de)	kleur	[kløər]
tint (de)	skakering	[skakeriŋ]
kleurnuance (de)	tint	[tint]
regenboog (de)	reënboog	[rɛɛn·boəχ]

wit (bn)	wit	[vit]
zwart (bn)	swart	[swart]
grijs (bn)	grys	[χrajs]

groen (bn)	groen	[χrun]
geel (bn)	geel	[χeəl]
rood (bn)	rooi	[roj]

blauw (bn)	blou	[blæʊ]
lichtblauw (bn)	ligblou	[liχ·blæʊ]
roze (bn)	pienk	[pink]
oranje (bn)	oranje	[oranje]
violet (bn)	pers	[pers]
bruin (bn)	bruin	[brœin]

| goud (bn) | goue | [χæʊə] |
| zilverkleurig (bn) | silweragtig | [silweraχtəχ] |

beige (bn)	beige	[bɛ:iʒ]
roomkleurig (bn)	roomkleurig	[roəm·kløərəχ]
turkoois (bn)	turkoois	[turkojs]
kersrood (bn)	kersierooi	[kersi·roj]
lila (bn)	lila	[lila]
karmijnrood (bn)	karmosyn	[karmosajn]

licht (bn)	lig	[liχ]
donker (bn)	donker	[donkər]
fel (bn)	helder	[hɛldər]

kleur-, kleurig (bn)	kleurig	[kløərəχ]
kleuren- (abn)	kleur	[kløər]
zwart-wit (bn)	swart-wit	[swart-wit]
eenkleurig (bn)	effe	[ɛffə]
veelkleurig (bn)	veelkleurig	[feəlkløərəχ]

11. Meeteenheden

| gewicht (het) | gewig | [χevəχ] |
| lengte (de) | lengte | [leŋtə] |

17

breedte (de)	breedte	[breədtə]
hoogte (de)	hoogte	[hoəχtə]
diepte (de)	diepte	[diptə]
volume (het)	volume	[folumə]
oppervlakte (de)	area	[area]

gram (het)	gram	[χram]
milligram (het)	milligram	[milliχram]
kilogram (het)	kilogram	[kiloχram]
ton (duizend kilo)	ton	[ton]
pond (het)	pond	[pont]
ons (het)	ons	[ɔŋs]

meter (de)	meter	[metər]
millimeter (de)	millimeter	[millimetər]
centimeter (de)	sentimeter	[sentimetər]
kilometer (de)	kilometer	[kilometər]
mijl (de)	myl	[majl]

duim (de)	duim	[dœim]
voet (de)	voet	[fut]
yard (de)	jaart	[jãrt]

vierkante meter (de)	vierkante meter	[firkantə metər]
hectare (de)	hektaar	[hektãr]

liter (de)	liter	[litər]
graad (de)	graad	[χrãt]
volt (de)	volt	[folt]
ampère (de)	ampère	[ampɛ:r]
paardenkracht (de)	perdekrag	[perdə·kraχ]

hoeveelheid (de)	hoeveelheid	[hufeəlhæjt]
helft (de)	helfte	[hɛlftə]
dozijn (het)	dosyn	[dosajn]
stuk (het)	stuk	[stuk]

afmeting (de)	grootte	[χroettə]
schaal (bijv. ~ van 1 op 50)	skaal	[skãl]

minimaal (bn)	minimaal	[minimãl]
minste (bn)	die kleinste	[di klæjnstə]
medium (bn)	medium	[medium]
maximaal (bn)	maksimaal	[maksimãl]
grootste (bn)	die grootste	[di χroetstə]

12. Containers

glazen pot (de)	glaspot	[χlas·pot]
blik (conserven~)	blikkie	[blikki]
emmer (de)	emmer	[emmər]
ton (bijv. regenton)	drom	[drom]
ronde waterbak (de)	wasbak	[vas·bak]
tank (bijv. watertank-70-ltr)	tenk	[tɛnk]

heupfles (de)	heupfles	[høəp·fles]
jerrycan (de)	petrolblik	[petrol·blik]
tank (bijv. ketelwagen)	tenk	[tɛnk]

beker (de)	beker	[bekər]
kopje (het)	koppie	[koppi]
schoteltje (het)	piering	[piriŋ]
glas (het)	glas	[χlas]
wijnglas (het)	wynglas	[vajn·χlas]
pan (de)	soppot	[sop·pot]

| fles (de) | bottel | [bottəl] |
| flessenhals (de) | nek | [nek] |

karaf (de)	kraffie	[kraffi]
kruik (de)	kruik	[krœik]
vat (het)	houer	[hæʊər]
pot (de)	pot	[pot]
vaas (de)	vaas	[fãs]

flacon (de)	bottel	[bottəl]
flesje (het)	botteltjie	[bottɛlki]
tube (bijv. ~ tandpasta)	buisie	[bœisi]

zak (bijv. ~ aardappelen)	sak	[sak]
tasje (het)	sak	[sak]
pakje (~ sigaretten, enz.)	pakkie	[pakki]

doos (de)	kartondoos	[karton·doəs]
kist (de)	krat	[krat]
mand (de)	mandjie	[mandʒi]

BELANGRIJKSTE WERKWOORDEN

13. De belangrijkste werkwoorden. Deel 1

aanbevelen (ww)	aanbeveel	[ānbefeəl]
aandringen (ww)	aandring	[āndriŋ]
aankomen (per auto, enz.)	aankom	[ānkom]
aanraken (ww)	aanraak	[ānrāk]
adviseren (ww)	aanraai	[ānrāi]

afdalen (on.ww.)	afkom	[afkom]
afslaan (naar rechts ~)	draai	[drāi]
antwoorden (ww)	antwoord	[antwoərt]
bang zijn (ww)	bang wees	[baŋ veəs]
bedreigen (bijv. met een pistool)	dreig	[dræjχ]

bedriegen (ww)	bedrieg	[bedrəχ]
beëindigen (ww)	klaarmaak	[klārmāk]
beginnen (ww)	begin	[beχin]
begrijpen (ww)	verstaan	[ferstān]
beheren (managen)	beheer	[beheər]

beledigen (met scheldwoorden)	beledig	[beledəχ]
beloven (ww)	beloof	[beloəf]
bereiden (koken)	kook	[koək]
bespreken (spreken over)	bespreek	[bespreək]

bestellen (eten ~)	bestel	[bestəl]
bestraffen (een stout kind ~)	straf	[straf]
betalen (ww)	betaal	[betāl]
betekenen (beduiden)	beteken	[betekən]
betreuren (ww)	jammer wees	[jammər veəs]

bevallen (prettig vinden)	hou van	[hæʊ fan]
bevelen (mil.)	beveel	[befeəl]
bevrijden (stad, enz.)	bevry	[befraj]
bewaren (ww)	bewaar	[bevār]
bezitten (ww)	besit	[besit]

bidden (praten met God)	bid	[bit]
binnengaan (een kamer ~)	binnegaan	[binnəχān]
breken (ww)	breek	[breək]
controleren (ww)	kontroleer	[kontroleər]
creëren (ww)	skep	[skep]

deelnemen (ww)	deelneem	[deəlneəm]
denken (ww)	dink	[dink]
doden (ww)	doodmaak	[doədmāk]

doen (ww)	doen	[dun]
dorst hebben (ww)	dors wees	[dors vees]

14. De belangrijkste werkwoorden. Deel 2

eisen (met klem vragen)	eis	[æjs]
excuseren (vergeven)	verskoon	[ferskoen]
existeren (bestaan)	bestaan	[bestãn]
gaan (te voet)	gaan	[χãn]

gaan zitten (ww)	gaan sit	[χãn sit]
gaan zwemmen	gaan swem	[χãn swem]
geven (ww)	gee	[χee]
glimlachen (ww)	glimlag	[χlimlaχ]
goed raden (ww)	raai	[rãi]

grappen maken (ww)	grappies maak	[χrappis mãk]
graven (ww)	grawe	[χrave]

hebben (ww)	hê	[hɛ:]
helpen (ww)	help	[hɛlp]
herhalen (opnieuw zeggen)	herhaal	[herhãl]
honger hebben (ww)	honger wees	[honer vees]
hopen (ww)	hoop	[hoep]
horen (waarnemen met het oor)	hoor	[hoer]
huilen (wenen)	huil	[hœil]
huren (huis, kamer)	huur	[hɪr]
informeren (informatie geven)	in kennis stel	[in kɛnnis stel]

instemmen (akkoord gaan)	saamstem	[sãmstem]
jagen (ww)	jag	[jaχ]
kennen (kennis hebben van iemand)	ken	[ken]
kiezen (ww)	kies	[kis]
klagen (ww)	kla	[kla]

kosten (ww)	kos	[kos]
kunnen (ww)	kan	[kan]
lachen (ww)	lag	[laχ]
laten vallen (ww)	laat val	[lãt fal]
lezen (ww)	lees	[lees]

liefhebben (ww)	liefhê	[lifhɛ:]
lunchen (ww)	gaan eet	[χãn eet]
nemen (ww)	vat	[fat]
nodig zijn (ww)	nodig wees	[nodeχ vees]

15. De belangrijkste werkwoorden. Deel 3

onderschatten (ww)	onderskat	[onderskat]
ondertekenen (ww)	teken	[teken]

ontbijten (ww)	ontbyt	[ontbajt]
openen (ww)	oopmaak	[oəpmãk]
ophouden (ww)	ophou	[ophæʋ]
opmerken (zien)	raaksien	[rãksin]
opscheppen (ww)	spog	[spoχ]
opschrijven (ww)	opskryf	[opskrajf]
plannen (ww)	beplan	[beplan]
prefereren (verkiezen)	verkies	[ferkis]
proberen (trachten)	probeer	[probeər]
redden (ww)	red	[ret]
rekenen op ...	reken op ...	[reken op ...]
rennen (ww)	hardloop	[hardloəp]
reserveren (een hotelkamer ~)	bespreek	[bespreək]
roepen (om hulp)	roep	[rup]
schieten (ww)	skiet	[skit]
schreeuwen (ww)	skreeu	[skriʋ]
schrijven (ww)	skryf	[skrajf]
souperen (ww)	aandete gebruik	[ãndetə χebrœik]
spelen (kinderen)	speel	[speəl]
spreken (ww)	praat	[prãt]
stelen (ww)	steel	[steəl]
stoppen (pauzeren)	stilhou	[stilhæʋ]
studeren (Nederlands ~)	studeer	[studeər]
sturen (zenden)	stuur	[stɯr]
tellen (optellen)	tel	[təl]
toebehoren aan ...	behoort aan ...	[behoərt ãn ...]
toestaan (ww)	toestaan	[tustãn]
tonen (ww)	wys	[vajs]
twijfelen (onzeker zijn)	twyfel	[twajfəl]
uitgaan (ww)	uitgaan	[œitχãn]
uitnodigen (ww)	uitnooi	[œitnoj]
uitspreken (ww)	uitspreek	[œitspreək]
uitvaren tegen (ww)	uitvaar teen	[œitfãr teən]

16. De belangrijkste werkwoorden. Deel 4

vallen (ww)	val	[fal]
vangen (ww)	vang	[faŋ]
veranderen (anders maken)	verander	[ferandər]
verbaasd zijn (ww)	verbaas wees	[ferbãs veəs]
verbergen (ww)	wegsteek	[veχsteək]
verdedigen (je land ~)	verdedig	[ferdedəχ]
verenigen (ww)	verenig	[ferenəχ]
vergelijken (ww)	vergelyk	[ferχəlajk]
vergeten (ww)	vergeet	[ferχeət]
vergeven (ww)	vergewe	[ferχevə]
verklaren (uitleggen)	verduidelik	[ferdœidəlik]

verkopen (per stuk ~)	**verkoop**	[ferkoəp]
vermelden (praten over)	**verwys na**	[ferwajs na]
versieren (decoreren)	**versier**	[fersir]
vertalen (ww)	**vertaal**	[fertāl]

vertrouwen (ww)	**vertrou**	[fertræʊ]
vervolgen (ww)	**aangaan**	[ānχān]
verwarren (met elkaar ~)	**verwar**	[ferwar]
verzoeken (ww)	**vra**	[fra]
verzuimen (school, enz.)	**bank**	[bank]

vinden (ww)	**vind**	[fint]
vliegen (ww)	**vlieg**	[fliχ]
volgen (ww)	**volg ...**	[folχ ...]
voorstellen (ww)	**voorstel**	[foərstəl]
voorzien (verwachten)	**voorsien**	[foərsin]
vragen (ww)	**vra**	[fra]

waarnemen (ww)	**waarneem**	[vārneəm]
waarschuwen (ww)	**waarsku**	[vārsku]
wachten (ww)	**wag**	[vaχ]
weerspreken (ww)	**beswaar maak**	[beswār māk]
weigeren (ww)	**weier**	[væjer]

werken (ww)	**werk**	[verk]
weten (ww)	**weet**	[veət]
willen (verlangen)	**wil**	[vil]
zeggen (ww)	**sê**	[sɛ:]
zich haasten (ww)	**opskud**	[opskut]

zich interesseren voor ...	**belangstel in ...**	[belaŋstəl in ...]
zich verontschuldigen	**verskoning vra**	[ferskoniŋ fra]
zien (ww)	**sien**	[sin]

zijn (ww)	**wees**	[veəs]
zoeken (ww)	**soek ...**	[suk ...]
zwemmen (ww)	**swem**	[swem]
zwijgen (ww)	**stilbly**	[stilblaj]

23

TIJD. KALENDER

17. Dagen van de week

maandag (de)	Maandag	[mãndaχ]
dinsdag (de)	Dinsdag	[dinsdaχ]
woensdag (de)	Woensdag	[voɛŋsdaχ]
donderdag (de)	Donderdag	[dondərdaχ]
vrijdag (de)	Vrydag	[frajdaχ]
zaterdag (de)	Saterdag	[satərdaχ]
zondag (de)	Sondag	[sondaχ]
vandaag (bw)	vandag	[fandaχ]
morgen (bw)	môre	[mɔrə]
overmorgen (bw)	oormôre	[oərmɔrə]
gisteren (bw)	gister	[χistər]
eergisteren (bw)	eergister	[eərχistər]
dag (de)	dag	[daχ]
werkdag (de)	werksdag	[verks·daχ]
feestdag (de)	openbare vakansiedag	[openbarə fakaŋsi·daχ]
verlofdag (de)	verlofdag	[ferlofdaχ]
weekend (het)	naweek	[naveək]
de hele dag (bw)	die hele dag	[di helə daχ]
de volgende dag (bw)	die volgende dag	[di folχendə daχ]
twee dagen geleden	twee dae gelede	[tweə daə χeledə]
aan de vooravond (bw)	die dag voor	[di daχ foər]
dag-, dagelijks (bn)	daeliks	[daəliks]
elke dag (bw)	elke dag	[ɛlkə daχ]
week (de)	week	[veək]
vorige week (bw)	laas week	[lãs veək]
volgende week (bw)	volgende week	[folχendə veək]
wekelijks (bn)	weekliks	[veəkliks]
elke week (bw)	weekliks	[veəkliks]
elke dinsdag	elke Dinsdag	[ɛlkə dinsdaχ]

18. Uren. Dag en nacht

morgen (de)	oggend	[oχent]
's morgens (bw)	soggens	[soχɛŋs]
middag (de)	middag	[middaχ]
's middags (bw)	in die namiddag	[in di namiddaχ]
avond (de)	aand	[ãnt]
's avonds (bw)	saans	[sãŋs]
nacht (de)	nag	[naχ]

| 's nachts (bw) | snags | [snaχs] |
| middernacht (de) | middernag | [middərnaχ] |

seconde (de)	sekonde	[sekondə]
minuut (de)	minuut	[minɪt]
uur (het)	uur	[ɪr]
halfuur (het)	n halfuur	[n halfɪr]
vijftien minuten	vyftien minute	[fajftin minutə]
etmaal (het)	24 ure	[fir-en-twintəχ urə]

zonsopgang (de)	sonop	[son·op]
dageraad (de)	daeraad	[daerãt]
vroege morgen (de)	elke oggend	[ɛlkə oχent]
zonsondergang (de)	sononder	[son·ondər]

's morgens vroeg (bw)	vroegdag	[fruχdaχ]
vanmorgen (bw)	vanmôre	[fanmɔrə]
morgenochtend (bw)	môreoggend	[mɔrə·oχent]

vanmiddag (bw)	vanmiddag	[fanmiddaχ]
's middags (bw)	in die namiddag	[in di namiddaχ]
morgenmiddag (bw)	môremiddag	[mɔrə·middaχ]

| vanavond (bw) | vanaand | [fanãnt] |
| morgenavond (bw) | môreaand | [mɔrə·ãnt] |

klokslag drie uur	klokslag 3 uur	[klokslaχ dri ɪr]
ongeveer vier uur	omstreeks 4 uur	[omstreeks fir ɪr]
tegen twaalf uur	teen 12 uur	[teən twalf ɪr]

| over twintig minuten | oor twintig minute | [oər twintəχ minutə] |
| op tijd (bw) | betyds | [betajds] |

kwart voor ...	kwart voor ...	[kwart foər ...]
elk kwartier	elke 15 minute	[ɛlkə fajftin minutə]
de klok rond	24 uur per dag	[fir-en-twintəχ pər daχ]

19. Maanden. Seizoenen

januari (de)	Januarie	[januari]
februari (de)	Februarie	[februari]
maart (de)	Maart	[mãrt]
april (de)	April	[april]
mei (de)	Mei	[mæj]
juni (de)	Junie	[juni]

juli (de)	Julie	[juli]
augustus (de)	Augustus	[ouχustus]
september (de)	September	[septembər]
oktober (de)	Oktober	[oktobər]
november (de)	November	[nofembər]
december (de)	Desember	[desembər]
lente (de)	lente	[lentə]
in de lente (bw)	in die lente	[in di lentə]

lente- (abn)	lente-	[lente-]
zomer (de)	somer	[somər]
in de zomer (bw)	in die somer	[in di somər]
zomer-, zomers (bn)	somerse	[somersə]
herfst (de)	herfs	[herfs]
in de herfst (bw)	in die herfs	[in di herfs]
herfst- (abn)	herfsagtige	[herfsaχtiχə]
winter (de)	winter	[vintər]
in de winter (bw)	in die winter	[in di vintər]
winter- (abn)	winter-	[vintər-]
maand (de)	maand	[mānt]
deze maand (bw)	hierdie maand	[hirdi mānt]
volgende maand (bw)	volgende maand	[folχendə mānt]
vorige maand (bw)	laasmaand	[lāsmānt]
over twee maanden (bw)	oor twe maande	[oər twe māndə]
de hele maand (bw)	die hele maand	[di helə mānt]
maand-, maandelijks (bn)	maandeliks	[māndəliks]
maandelijks (bw)	maandeliks	[māndəliks]
elke maand (bw)	elke maand	[ɛlkə mānt]
jaar (het)	jaar	[jār]
dit jaar (bw)	hierdie jaar	[hirdi jār]
volgend jaar (bw)	volgende jaar	[folχendə jār]
vorig jaar (bw)	laasjaar	[lāʃār]
over twee jaar	binne twee jaar	[binnə tweə jār]
het hele jaar	die hele jaar	[di helə jār]
elk jaar	elke jaar	[ɛlkə jār]
jaar-, jaarlijks (bn)	jaarliks	[jārliks]
jaarlijks (bw)	jaarliks	[jārliks]
4 keer per jaar	4 keer per jaar	[fir keer pər jār]
datum (de)	datum	[datum]
datum (de)	datum	[datum]
kalender (de)	kalender	[kalendər]
zes maanden	ses maande	[ses māndə]
seizoen (bijv. lente, zomer)	seisoen	[sæjsun]
eeuw (de)	eeu	[iʊ]

REIZEN. HOTEL

20. Trip. Reizen

toerisme (het)	**toerisme**	[turismə]
toerist (de)	**toeris**	[turis]
reis (de)	**reis**	[ræjs]
avontuur (het)	**avontuur**	[afontɪr]
tocht (de)	**reis**	[ræjs]
vakantie (de)	**vakansie**	[fakaŋsi]
met vakantie zijn	**met vakansie wees**	[met fakaŋsi veəs]
rust (de)	**rus**	[rus]
trein (de)	**trein**	[træjn]
met de trein	**per trein**	[pər træjn]
vliegtuig (het)	**vliegtuig**	[fliχtœiχ]
met het vliegtuig	**per vliegtuig**	[pər fliχtœiχ]
met de auto	**per motor**	[pər motor]
per schip (bw)	**per skip**	[pər skip]
bagage (de)	**bagasie**	[baχasi]
valies (de)	**tas**	[tas]
bagagekarretje (het)	**bagasiekarretjie**	[baχasi·karrəki]
paspoort (het)	**paspoort**	[paspoərt]
visum (het)	**visum**	[fisum]
kaartje (het)	**kaartjie**	[kãrki]
vliegticket (het)	**lugkaartjie**	[luχ·kãrki]
reisgids (de)	**reisgids**	[ræjsχids]
kaart (de)	**kaart**	[kãrt]
gebied (landelijk ~)	**gebied**	[χebit]
plaats (de)	**plek**	[plek]
exotische bestemming (de)	**eksotiese dinge**	[ɛksotisə diŋə]
exotisch (bn)	**eksoties**	[ɛksotis]
verwonderlijk (bn)	**verbasend**	[ferbasent]
groep (de)	**groep**	[χrup]
rondleiding (de)	**uitstappie**	[œitstappi]
gids (de)	**gids**	[χids]

21. Hotel

motel (het)	**motel**	[motəl]
3-sterren	**drie-ster**	[dri-stər]
5-sterren	**vyf-ster**	[fajf-stər]

overnachten (ww)	oornag	[oərnax]
kamer (de)	kamer	[kamər]
eenpersoonskamer (de)	enkelkamer	[ɛnkəl·kamər]
tweepersoonskamer (de)	dubbelkamer	[dubbəl·kamər]

halfpension (het)	met aandete, bed en ontbyt	[met āndetə], [bet en ontbajt]
volpension (het)	volle losies	[follə losis]

met badkamer	met bad	[met bat]
met douche	met stortbad	[met stort·bat]
satelliet-tv (de)	satelliet-TV	[satɛllit-te·fe]
airconditioner (de)	lugversorger	[luxfersorxər]
handdoek (de)	handdoek	[handduk]
sleutel (de)	sleutel	[sløətəl]

administrateur (de)	bestuurder	[bestɪrdər]
kamermeisje (het)	kamermeisie	[kamər·mæjsi]
piccolo (de)	hoteljoggie	[hotəl·joxi]
portier (de)	portier	[portir]

restaurant (het)	restaurant	[restourant]
bar (de)	kroeg	[krux]
ontbijt (het)	ontbyt	[ontbajt]
avondeten (het)	aandete	[āndetə]
buffet (het)	buffetete	[buffetetə]

hal (de)	voorportaal	[foər·portāl]
lift (de)	hysbak	[hajsbak]

NIET STOREN	MOENIE STEUR NIE	[muni støər ni]
VERBODEN TE ROKEN!	ROOK VERBODE	[roək ferbodə]

22. Bezienswaardigheden

monument (het)	monument	[monument]
vesting (de)	fort	[fort]
paleis (het)	paleis	[palæjs]
kasteel (het)	kasteel	[kasteəl]
toren (de)	toring	[toriŋ]
mausoleum (het)	mausoleum	[mɔusoløəm]

architectuur (de)	argitektuur	[arxitektɪr]
middeleeuws (bn)	Middeleeus	[middeliʊs]
oud (bn)	oud	[æut]
nationaal (bn)	nasionaal	[naʃionāl]
bekend (bn)	bekend	[bekent]

toerist (de)	toeris	[turis]
gids (de)	gids	[xids]
rondleiding (de)	uitstappie	[œitstappi]
tonen (ww)	wys	[vajs]
vertellen (ww)	vertel	[fertəl]
vinden (ww)	vind	[fint]
verdwalen (de weg kwijt zijn)	verdwaal	[ferdwāl]

| plattegrond (~ van de metro) | kaart | [kãrt] |
| plattegrond (~ van de stad) | kaart | [kãrt] |

souvenir (het)	aandenking	[āndenkiŋ]
souvenirwinkel (de)	geskenkwinkel	[χɛskɛnk·vinkəl]
foto's maken	fotografeer	[fotoχrafeer]
zich laten fotograferen	jou portret laat maak	[jæʊ portret lãt mãk]

VERVOER

23. Vliegveld

luchthaven (de)	lughawe	[luχhavə]
vliegtuig (het)	vliegtuig	[fliχtœiχ]
luchtvaartmaatschappij (de)	lugredery	[luχrederaj]
luchtverkeersleider (de)	lugverkeersleier	[luχ·ferkeərs·læjer]
vertrek (het)	vertrek	[fertrek]
aankomst (de)	aankoms	[ānkoms]
aankomen (per vliegtuig)	aankom	[ānkom]
vertrektijd (de)	vertrektyd	[fertrək·tajt]
aankomstuur (het)	aankomstyd	[ānkoms·tajt]
vertraagd zijn (ww)	vertraag wees	[fertrāχ veəs]
vluchtvertraging (de)	vlugvertraging	[fluχ·fertraχiŋ]
informatiebord (het)	informasiebord	[informasi·bort]
informatie (de)	informasie	[informasi]
aankondigen (ww)	aankondig	[ānkondəχ]
vlucht (bijv. KLM ~)	vlug	[fluχ]
douane (de)	doeane	[duanə]
douanier (de)	doeanebeampte	[duanə·beamptə]
douaneaangifte (de)	doeaneverklaring	[duanə·ferklariŋ]
invullen (douaneaangifte ~)	invul	[inful]
paspoortcontrole (de)	paspoortkontrole	[paspoərt·kontrolə]
bagage (de)	bagasie	[baχasi]
handbagage (de)	handbagasie	[hand·baχasi]
bagagekarretje (het)	bagasiekarretjie	[baχasi·karrəki]
landing (de)	landing	[landiŋ]
landingsbaan (de)	landingsbaan	[landiŋs·bān]
landen (ww)	land	[lant]
vliegtuigtrap (de)	vliegtuigtrap	[fliχtœiχ·trap]
inchecken (het)	na die vertrektoonbank	[na di fertrək·toənbank]
incheckbalie (de)	vertrektoonbank	[fertrək·toənbank]
inchecken (ww)	na die vertrektoonbank gaan	[na di fertrək·toənbank χān]
instapkaart (de)	instapkaart	[instap·kārt]
gate (de)	vertrekuitgang	[fertrək·œitχaŋ]
transit (de)	transito	[traŋsito]
wachten (ww)	wag	[vaχ]
wachtzaal (de)	vertreksaal	[fertrək·sāl]

| begeleiden (uitwuiven) | afsien | [afsin] |
| afscheid nemen (ww) | afskeid neem | [afskæjt neəm] |

24. Vliegtuig

vliegtuig (het)	vliegtuig	[fliχtœiχ]
vliegticket (het)	lugkaartjie	[luχ·kārki]
luchtvaartmaatschappij (de)	lugredery	[luχrederəj]
luchthaven (de)	lughawe	[luχhavə]
supersonisch (bn)	supersonies	[supersonis]

gezagvoerder (de)	kaptein	[kaptæjn]
bemanning (de)	bemanning	[bemanniŋ]
piloot (de)	piloot	[piloət]
stewardess (de)	lugwaardin	[luχ·wārdin]
stuurman (de)	navigator	[nafiχator]

vleugels (mv.)	vlerke	[flerkə]
staart (de)	stert	[stert]
cabine (de)	stuurkajuit	[stɪr·kajœit]
motor (de)	enjin	[ɛndʒin]
landingsgestel (het)	landingstel	[landiŋ·stəl]
turbine (de)	turbine	[turbinə]
propeller (de)	skroef	[skruf]
zwarte doos (de)	swart boks	[swart boks]
stuur (het)	stuurstang	[stɪr·staŋ]
brandstof (de)	brandstof	[brantstof]

veiligheidskaart (de)	veiligheidskaart	[fæjliχæjts·kārt]
zuurstofmasker (het)	suurstofmasker	[sɪrstof·maskər]
uniform (het)	uniform	[uniform]
reddingsvest (de)	reddingsbaadjie	[rɛddiŋs·bādʒi]
parachute (de)	valskerm	[fal·skerm]
opstijgen (het)	opstyging	[opstajχiŋ]
opstijgen (ww)	opstyg	[opstajχ]
startbaan (de)	landingsbaan	[landiŋs·bān]

zicht (het)	uitsig	[œitsəχ]
vlucht (de)	vlug	[fluχ]
hoogte (de)	hoogte	[hoəχtə]
luchtzak (de)	lugsak	[luχsak]

plaats (de)	sitplek	[sitplek]
koptelefoon (de)	koptelefoon	[kop·telefoən]
tafeltje (het)	voutafeltjie	[fæʊ·tafɛlki]
venster (het)	vliegtuigvenster	[fliχtœiχ·fɛŋstər]
gangpad (het)	paadjie	[pādʒi]

25. Trein

| trein (de) | trein | [træjn] |
| elektrische trein (de) | voorstedelike trein | [foərstedelikə træjn] |

sneltrein (de)	sneltrein	[snɛl·træjn]
diesellocomotief (de)	diesellokomotief	[disəl·lokomotif]
stoomlocomotief (de)	stoomlokomotief	[stoəm·lokomotif]
rijtuig (het)	passasierswa	[passasirs·wa]
restauratierijtuig (het)	eetwa	[eət·wa]
rails (mv.)	spoorstawe	[spoər·stavə]
spoorweg (de)	spoorweg	[spoər·weχ]
dwarsligger (de)	dwarslêer	[dwarslɛər]
perron (het)	perron	[perron]
spoor (het)	spoor	[spoər]
semafoor (de)	semafoor	[semafoər]
halte (bijv. kleine treinhalte)	stasie	[stasi]
machinist (de)	treindrywer	[træjn·drajvər]
kruier (de)	portier	[portir]
conducteur (de)	kondukteur	[konduktøər]
passagier (de)	passasier	[passasir]
controleur (de)	kondukteur	[konduktøər]
gang (in een trein)	gang	[χaŋ]
noodrem (de)	noodrem	[noədrem]
coupé (de)	kompartiment	[kompartiment]
bed (slaapplaats)	bed	[bet]
bovenste bed (het)	boonste bed	[boəŋstə bet]
onderste bed (het)	onderste bed	[ondərstə bet]
beddengoed (het)	beddegoed	[beddə·χut]
kaartje (het)	kaartjie	[kãrki]
dienstregeling (de)	diensrooster	[diŋs·roəstər]
informatiebord (het)	informasiebord	[informasi·bort]
vertrekken	vertrek	[fertrek]
(De trein vertrekt ...)		
vertrek (ov. een trein)	vertrek	[fertrek]
aankomen (ov. de treinen)	aankom	[ãnkom]
aankomst (de)	aankoms	[ãnkoms]
aankomen per trein	aankom per trein	[ãnkom pər træjn]
in de trein stappen	in die trein klim	[in di træjn klim]
uit de trein stappen	uit die trein klim	[œit di træjn klim]
treinwrak (het)	treinbotsing	[træjn·botsiŋ]
ontspoord zijn	ontspoor	[ontspoər]
stoomlocomotief (de)	stoomlokomotief	[stoəm·lokomotif]
stoker (de)	stoker	[stokər]
stookplaats (de)	stookplek	[stoəkplek]
steenkool (de)	steenkool	[steən·koəl]

26. Schip

schip (het)	skip	[skip]
vaartuig (het)	vaartuig	[fārtœiχ]
stoomboot (de)	stoomboot	[stoəm·boət]
motorschip (het)	rivierboot	[rifir·boət]
lijnschip (het)	toerskip	[tur·skip]
kruiser (de)	kruiser	[krœisər]
jacht (het)	jag	[jaχ]
sleepboot (de)	sleepboot	[sleəp·boət]
duwbak (de)	vragskuit	[fraχ·skœit]
ferryboot (de)	veerboot	[feər·boət]
zeilboot (de)	seilskip	[sæjl·skip]
brigantijn (de)	skoenerbrik	[skunər·brik]
ijsbreker (de)	ysbreker	[ajs·brekər]
duikboot (de)	duikboot	[dœik·boət]
boot (de)	roeiboot	[ruiboət]
sloep (de)	bootjie	[boəki]
reddingssloep (de)	reddingsboot	[rɛddiŋs·boət]
motorboot (de)	motorboot	[motor·boət]
kapitein (de)	kaptein	[kaptæjn]
zeeman (de)	seeman	[seəman]
matroos (de)	matroos	[matroəs]
bemanning (de)	bemanning	[bemanniŋ]
bootsman (de)	bootsman	[boətsman]
scheepsjongen (de)	skeepsjonge	[skeəps·joŋə]
kok (de)	kok	[kok]
scheepsarts (de)	skeepsdokter	[skeəps·doktər]
dek (het)	dek	[dek]
mast (de)	mas	[mas]
zeil (het)	seil	[sæjl]
ruim (het)	skeepsruim	[skeəps·rœim]
voorsteven (de)	boeg	[buχ]
achtersteven (de)	agterstewe	[aχtərstevə]
roeispaan (de)	roeispaan	[ruis·pān]
schroef (de)	skroef	[skruf]
kajuit (de)	kajuit	[kajœit]
officierskamer (de)	offisierskajuit	[offisirs·kajœit]
machinekamer (de)	enjinkamer	[ɛnʤin·kamər]
brug (de)	brug	[bruχ]
radiokamer (de)	radiokamer	[radio·kamər]
radiogolf (de)	golf	[χolf]
logboek (het)	logboek	[loχbuk]
verrekijker (de)	verkyker	[ferkajkər]
klok (de)	bel	[bəl]

vlag (de)	vlag	[flaχ]
kabel (de)	kabel	[kabəl]
knoop (de)	knoop	[knoəp]

| leuning (de) | dekleuning | [dek·løəniŋ] |
| trap (de) | gangplank | [χaŋ·plank] |

anker (het)	anker	[ankər]
het anker lichten	anker lig	[ankər ləχ]
het anker neerlaten	anker uitgooi	[ankər œitχoj]
ankerketting (de)	ankerketting	[ankər·kɛttiŋ]

haven (bijv. containerhaven)	hawe	[havə]
kaai (de)	kaai	[kāi]
aanleggen (ww)	vasmeer	[fasmeər]
wegvaren (ww)	vertrek	[fertrek]

reis (de)	reis	[ræjs]
cruise (de)	cruise	[kru:s]
koers (de)	koers	[kurs]
route (de)	roete	[rutə]

vaarwater (het)	vaarwater	[fār·vatər]
zandbank (de)	sandbank	[sand·bank]
stranden (ww)	strand	[strant]

storm (de)	storm	[storm]
signaal (het)	sienjaal	[sinjāl]
zinken (ov. een boot)	sink	[sink]
Man overboord!	Man oorboord!	[man oərboərd!]
SOS (noodsignaal)	SOS	[sos]
reddingsboei (de)	reddingsboei	[rɛddiŋs·bui]

STAD

27. Stedelijk vervoer

bus, autobus (de)	bus	[bus]
tram (de)	trem	[trem]
trolleybus (de)	trembus	[trembus]
route (de)	busroete	[bus·rutə]
nummer (busnummer, enz.)	nommer	[nommər]
rijden met …	ry per …	[raj pər …]
stappen (in de bus ~)	inklim	[inklim]
afstappen (ww)	uitklim …	[œitklim …]
halte (de)	halte	[haltə]
volgende halte (de)	volgende halte	[folχendə haltə]
eindpunt (het)	eindpunt	[æjnd·punt]
dienstregeling (de)	diensrooster	[diɲs·roəstər]
wachten (ww)	wag	[vaχ]
kaartje (het)	kaartjie	[kārki]
reiskosten (de)	reistarief	[ræjs·tarif]
kassier (de)	kaartjieverkoper	[kārki·ferkopər]
kaartcontrole (de)	kaartjiekontrole	[kārki·kontrolə]
controleur (de)	kontroleur	[kontroløər]
te laat zijn (ww)	laat wees	[lāt veəs]
missen (de bus ~)	mis	[mis]
zich haasten (ww)	haastig wees	[hāstəχ veəs]
taxi (de)	taxi	[taksi]
taxichauffeur (de)	taxibestuurder	[taksi·bestɪrdər]
met de taxi (bw)	per taxi	[pər taksi]
taxistandplaats (de)	taxistaanplek	[taksi·stānplek]
verkeer (het)	verkeer	[ferkeər]
file (de)	verkeersknoop	[ferkeərs·knoəp]
spitsuur (het)	spitsuur	[spits·ɪr]
parkeren (on.ww.)	parkeer	[parkeər]
parkeren (ov.ww.)	parkeer	[parkeər]
parking (de)	parkeerterrein	[parkeər·terræjn]
metro (de)	metro	[metro]
halte (bijv. kleine treinhalte)	stasie	[stasi]
de metro nemen	die metro vat	[di metro fat]
trein (de)	trein	[træjn]
station (treinstation)	treinstasie	[træjn·stasi]

28. Stad. Het leven in de stad

stad (de)	stad	[stat]
hoofdstad (de)	hoofstad	[hoəf·stat]
dorp (het)	dorp	[dorp]

plattegrond (de)	stadskaart	[stats·kãrt]
centrum (ov. een stad)	sentrum	[sentrum]
voorstad (de)	voorstad	[foərstat]
voorstads- (abn)	voorstedelik	[foərstedelik]

randgemeente (de)	buitewyke	[bœitəvajkə]
omgeving (de)	omgewing	[omχeviŋ]
blok (huizenblok)	stadswyk	[stats·wajk]
woonwijk (de)	woonbuurt	[voənbɪrt]

verkeer (het)	verkeer	[ferkeər]
verkeerslicht (het)	robot	[robot]
openbaar vervoer (het)	openbare vervoer	[openbarə ferfur]
kruispunt (het)	kruispunt	[krœis·punt]

zebrapad (oversteekplaats)	sebraoorgang	[sebra·oərχaŋ]
onderdoorgang (de)	voetgangertonnel	[futχaŋər·tonnəl]
oversteken (de straat ~)	oorsteek	[oərsteək]
voetganger (de)	voetganger	[futχaŋər]
trottoir (het)	sypaadjie	[saj·pãdʒi]

brug (de)	brug	[bruχ]
dijk (de)	wal	[val]
fontein (de)	fontein	[fontæjn]

allee (de)	laning	[laniŋ]
park (het)	park	[park]
boulevard (de)	boulevard	[bulefar]
plein (het)	plein	[plæjn]
laan (de)	laan	[lãn]
straat (de)	straat	[strãt]
zijstraat (de)	systraat	[saj·strãt]
doodlopende straat (de)	doodloopstraat	[doədloəp·strãt]

huis (het)	huis	[hœis]
gebouw (het)	gebou	[χebæu]
wolkenkrabber (de)	wolkekrabber	[volkə·krabbər]

gevel (de)	gewel	[χevəl]
dak (het)	dak	[dak]
venster (het)	venster	[fɛŋstər]
boog (de)	arkade	[arkadə]
pilaar (de)	kolom	[kolom]
hoek (ov. een gebouw)	hoek	[huk]

vitrine (de)	uitstalraam	[œitstalrãm]
gevelreclame (de)	reklamebord	[reklamə·bort]
affiche (de/het)	plakkaat	[plakkãt]
reclameposter (de)	reklameplakkaat	[reklamə·plakkãt]

aanplakbord (het)	**aanplakbord**	[ānplakbort]
vuilnis (de/het)	**vullis**	[fullis]
vuilnisbak (de)	**vullisbak**	[fullis·bak]
afval weggooien (ww)	**rommel strooi**	[rommǝl stroj]
stortplaats (de)	**vullishoop**	[fullis·hoǝp]
telefooncel (de)	**telefoonhokkie**	[telefoǝn·hokki]
straatlicht (het)	**lamppaal**	[lamp·pāl]
bank (de)	**bank**	[bank]
politieagent (de)	**polisieman**	[polisi·man]
politie (de)	**polisie**	[polisi]
zwerver (de)	**bedelaar**	[bedelār]
dakloze (de)	**daklose**	[daklosǝ]

29. Stedelijke instellingen

winkel (de)	**winkel**	[vinkǝl]
apotheek (de)	**apteek**	[apteǝk]
optiek (de)	**optisiën**	[optisiɛn]
winkelcentrum (het)	**winkelsentrum**	[vinkǝl·sentrum]
supermarkt (de)	**supermark**	[supermark]
bakkerij (de)	**bakkery**	[bakkeraj]
bakker (de)	**bakker**	[bakkǝr]
banketbakkerij (de)	**banketbakkery**	[banket·bakkeraj]
kruidenier (de)	**kruidenierswinkel**	[krœidenirs·vinkǝl]
slagerij (de)	**slagter**	[slaχtǝr]
groentewinkel (de)	**groentewinkel**	[χruntǝ·vinkǝl]
markt (de)	**mark**	[mark]
koffiehuis (het)	**koffiekroeg**	[koffi·kruχ]
restaurant (het)	**restaurant**	[restǝurant]
bar (de)	**kroeg**	[kruχ]
pizzeria (de)	**pizzeria**	[pizzeria]
kapperssalon (de/het)	**haarsalon**	[hār·salon]
postkantoor (het)	**poskantoor**	[pos·kantoǝr]
stomerij (de)	**droogskoonmakers**	[droǝχ·skoǝn·makers]
fotostudio (de)	**fotostudio**	[foto·studio]
schoenwinkel (de)	**skoenwinkel**	[skun·vinkǝl]
boekhandel (de)	**boekhandel**	[buk·handǝl]
sportwinkel (de)	**sportwinkel**	[sport·vinkǝl]
kledingreparatie (de)	**klereherstelwinkel**	[klerǝ·herstǝl·vinkǝl]
kledingverhuur (de)	**klereverhuurwinkel**	[klerǝ·ferhɪr·vinkǝl]
videotheek (de)	**videowinkel**	[video·vinkǝl]
circus (de/het)	**sirkus**	[sirkus]
dierentuin (de)	**dieretuin**	[dirǝ·tœin]
bioscoop (de)	**bioskoop**	[bioskoǝp]
museum (het)	**museum**	[musøǝm]

bibliotheek (de)	biblioteek	[biblioteǝk]
theater (het)	teater	[teatǝr]
opera (de)	opera	[opera]
nachtclub (de)	nagklub	[naχ·klup]
casino (het)	kasino	[kasino]

moskee (de)	moskee	[moskeǝ]
synagoge (de)	sinagoge	[sinaχoχǝ]
kathedraal (de)	katedraal	[katedrāl]
tempel (de)	tempel	[tempǝl]
kerk (de)	kerk	[kerk]

instituut (het)	kollege	[kolledʒ]
universiteit (de)	universiteit	[unifersitæjt]
school (de)	skool	[skoǝl]

gemeentehuis (het)	stadhuis	[stat·hœis]
stadhuis (het)	stadhuis	[stat·hœis]
hotel (het)	hotel	[hotǝl]
bank (de)	bank	[bank]

ambassade (de)	ambassade	[ambassadǝ]
reisbureau (het)	reisagentskap	[ræjs·aχentskap]
informatieloket (het)	inligtingskantoor	[inliχtiŋs·kantoǝr]
wisselkantoor (het)	wisselkantoor	[vissǝl·kantoǝr]

| metro (de) | metro | [metro] |
| ziekenhuis (het) | hospitaal | [hospitāl] |

| benzinestation (het) | petrolstasie | [petrol·stasi] |
| parking (de) | parkeerterrein | [parkeǝr·terræjn] |

30. Borden

gevelreclame (de)	reklamebord	[reklamǝ·bort]
opschrift (het)	kennisgewing	[kɛnnis·χeviŋ]
poster (de)	plakkaat	[plakkāt]
wegwijzer (de)	rigtingwyser	[riχtiŋ·wajsǝr]
pijl (de)	pyl	[pajl]

waarschuwing (verwittiging)	waarskuwing	[vārskuviŋ]
waarschuwingsbord (het)	waarskuwingsbord	[vārskuviŋs·bort]
waarschuwen (ww)	waarsku	[vārsku]

vrije dag (de)	rusdag	[rusdaχ]
dienstregeling (de)	diensrooster	[diŋs·roǝstǝr]
openingsuren (mv.)	besigheidsure	[besiχæjts·urǝ]

WELKOM!	WELKOM!	[vɛlkom!]
INGANG	INGANG	[inχaŋ]
UITGANG	UITGANG	[œitχaŋ]

| DUWEN | STOOT | [stoǝt] |
| TREKKEN | TREK | [trek] |

OPEN	OOP	[oəp]
GESLOTEN	GESLUIT	[χeslœit]

DAMES	DAMES	[dames]
HEREN	MANS	[maŋs]

KORTING	AFSLAG	[afslaχ]
UITVERKOOP	UITVERKOPING	[œitferkopiŋ]
NIEUW!	NUUT!	[nɪt!]
GRATIS	GRATIS	[χratis]

PAS OP!	PAS OP!	[pas op!]
VOLGEBOEKT	VOLBESPREEK	[folbespreək]
GERESERVEERD	BESPREEK	[bespreək]

ADMINISTRATIE	ADMINISTRASIE	[administrasi]
ALLEEN VOOR PERSONEEL	SLEGS PERSONEEL	[sleχs personeəl]

GEVAARLIJKE HOND	PAS OP VIR DIE HOND!	[pas op fir di hont!]
VERBODEN TE ROKEN!	ROOK VERBODE	[roək ferbodə]
NIET AANRAKEN!	NIE AANRAAK NIE!	[ni ānrāk ni!]

GEVAARLIJK	GEVAARLIK	[χefārlik]
GEVAAR	GEVAAR	[χefār]
HOOGSPANNING	HOOGSPANNING	[hoəχ·spanniŋ]
VERBODEN TE ZWEMMEN	NIE SWEM NIE	[ni swem ni]
BUITEN GEBRUIK	BUITE WERKING	[bœitə verkiŋ]

ONTVLAMBAAR	ONTVLAMBAAR	[ontflambār]
VERBODEN	VERBODE	[ferbodə]
DOORGANG VERBODEN	TOEGANG VERBODE!	[tuχaŋ ferbode!]
OPGELET PAS GEVERFD	NAT VERF	[nat ferf]

31. Winkelen

kopen (ww)	koop	[koəp]
aankoop (de)	aankoop	[ānkoəp]
winkelen (ww)	inkopies doen	[inkopis dun]
winkelen (het)	inkoop	[inkoəp]

open zijn (ov. een winkel, enz.)	oop wees	[oəp veəs]
gesloten zijn (ww)	toe wees	[tu veəs]

schoeisel (het)	skoeisel	[skuisəl]
kleren (mv.)	klere	[klerə]
cosmetica (mv.)	kosmetika	[kosmetika]
voedingswaren (mv.)	voedingsware	[fudiŋs·warə]
geschenk (het)	present	[present]

verkoper (de)	verkoper	[ferkopər]
verkoopster (de)	verkoopsdame	[ferkoəps·damə]
kassa (de)	kassier	[kassir]

spiegel (de)	**spieël**	[spiɛl]
toonbank (de)	**toonbank**	[toən·bank]
paskamer (de)	**paskamer**	[pas·kamər]
aanpassen (ww)	**aanpas**	[ānpas]
passen (ov. kleren)	**pas**	[pas]
bevallen (prettig vinden)	**hou van**	[hæʊ fan]
prijs (de)	**prys**	[prajs]
prijskaartje (het)	**pryskaartjie**	[prajs·kārki]
kosten (ww)	**kos**	[kos]
Hoeveel?	**Hoeveel?**	[hufeəl?]
korting (de)	**afslag**	[afslaχ]
niet duur (bn)	**billik**	[billik]
goedkoop (bn)	**goedkoop**	[χudkoəp]
duur (bn)	**duur**	[dɪr]
Dat is duur.	**dis duur**	[dis dɪr]
verhuur (de)	**verhuur**	[ferhɪr]
huren (smoking, enz.)	**verhuur**	[ferhɪr]
krediet (het)	**krediet**	[kredit]
op krediet (bw)	**op krediet**	[op kredit]

KLEDING EN ACCESSOIRES

32. Bovenkleding. Jassen

kleren (mv.)	klere	[klerə]
bovenkleding (de)	oorklere	[oərklerə]
winterkleding (de)	winterklere	[vintər·klerə]

jas (de)	jas	[jas]
bontjas (de)	pelsjas	[pelʃas]
bontjasje (het)	kort pelsjas	[kort pelʃas]
donzen jas (de)	donsjas	[donʃas]

jasje (bijv. een leren ~)	baadjie	[bādʒi]
regenjas (de)	reënjas	[rɛnjas]
waterdicht (bn)	waterdig	[vatərdəχ]

33. Heren & dames kleding

overhemd (het)	hemp	[hemp]
broek (de)	broek	[bruk]
jeans (de)	denimbroek	[denim·bruk]
colbert (de)	baadjie	[bādʒi]
kostuum (het)	pak	[pak]

jurk (de)	rok	[rok]
rok (de)	romp	[romp]
blouse (de)	bloes	[blus]
wollen vest (de)	gebreide baadjie	[χebræjdə bādʒi]
blazer (kort jasje)	baadjie	[bādʒi]

T-shirt (het)	T-hemp	[te-hemp]
shorts (mv.)	kortbroek	[kort·bruk]
trainingspak (het)	sweetpak	[sweet·pak]
badjas (de)	badjas	[batjas]
pyjama (de)	pajama	[pajama]

sweater (de)	trui	[trœi]
pullover (de)	trui	[trœi]

gilet (het)	onderbaadjie	[ondər·bādʒi]
rokkostuum (het)	swaelstertbaadjie	[swaɛlstert·bādʒi]
smoking (de)	aandpak	[āntpak]

uniform (het)	uniform	[uniform]
werkkleding (de)	werksklere	[verks·klerə]
overall (de)	oorpak	[oərpak]
doktersjas (de)	jas	[jas]

34. Kleding. Ondergoed

ondergoed (het)	onderklere	[onderklere]
herenslip (de)	onderbroek	[onderbruk]
slipjes (mv.)	onderbroek	[onderbruk]
onderhemd (het)	frokkie	[frokki]
sokken (mv.)	sokkies	[sokkis]
nachthemd (het)	nagrok	[naꭓrok]
beha (de)	bra	[bra]
kniekousen (mv.)	kniekouse	[kni·kæʊsə]
panty (de)	kousbroek	[kæʊsbruk]
nylonkousen (mv.)	kouse	[kæʊsə]
badpak (het)	baaikostuum	[bāj·kostɪm]

35. Hoofddeksels

hoed (de)	hoed	[hut]
deukhoed (de)	hoed	[hut]
honkbalpet (de)	bofbalpet	[bofbal·pet]
kleppet (de)	pet	[pet]
baret (de)	mus	[mus]
kap (de)	kap	[kap]
panamahoed (de)	panamahoed	[panama·hut]
gebreide muts (de)	gebreide mus	[ꭓebræjde mus]
hoofddoek (de)	kopdoek	[kopduk]
dameshoed (de)	dameshoed	[dames·hut]
veiligheidshelm (de)	veiligheidshelm	[fæjliꭓæjts·hɛlm]
veldmuts (de)	mus	[mus]
helm, valhelm (de)	helmet	[hɛlmet]
bolhoed (de)	bolhoed	[bolhut]
hoge hoed (de)	hoëhoed	[hoɛhut]

36. Schoeisel

schoeisel (het)	skoeisel	[skuisəl]
schoenen (mv.)	mansskoene	[maŋs·skunə]
vrouwenschoenen (mv.)	damesskoene	[dames·skunə]
laarzen (mv.)	laarse	[lārsə]
pantoffels (mv.)	pantoffels	[pantoffəls]
sportschoenen (mv.)	tennisskoene	[tɛnnis·skunə]
sneakers (mv.)	tekkies	[tɛkkis]
sandalen (mv.)	sandale	[sandalə]
schoenlapper (de)	skoenmaker	[skun·makər]
hiel (de)	hak	[hak]

paar (een ~ schoenen)	paar	[pãr]
veter (de)	skoenveter	[skun·fetər]
rijgen (schoenen ~)	ryg	[rajχ]
schoenlepel (de)	skoenlepel	[skun·lepəl]
schoensmeer (de/het)	skoenpolitoer	[skun·politur]

37. Persoonlijke accessoires

handschoenen (mv.)	handskoene	[handskunə]
wanten (mv.)	duimhandskoene	[dœim·handskunə]
sjaal (fleece ~)	serp	[serp]

bril (de)	bril	[bril]
brilmontuur (het)	raam	[rãm]
paraplu (de)	sambreel	[sambreəl]
wandelstok (de)	wandelstok	[vandəl·stok]
haarborstel (de)	haarborsel	[hãr·borsəl]
waaier (de)	waaier	[vãjer]

das (de)	das	[das]
strikje (het)	strikkie	[strikki]
bretels (mv.)	kruisbande	[krœis·bandə]
zakdoek (de)	sakdoek	[sakduk]

kam (de)	kam	[kam]
haarspeldje (het)	haarspeld	[hãrs·pɛlt]
schuifspeldje (het)	haarpen	[hãr·pen]
gesp (de)	gespe	[χespə]

broekriem (de)	belt	[bɛlt]
draagriem (de)	skouerband	[skæuer·bant]

handtas (de)	handsak	[hand·sak]
damestas (de)	beursie	[bøərsi]
rugzak (de)	rugsak	[ruχsak]

38. Kleding. Diversen

mode (de)	mode	[modə]
de mode (bn)	in die mode	[in di modə]
kledingstilist (de)	modeontwerper	[modə·ontwerpər]

kraag (de)	kraag	[krãχ]
zak (de)	sak	[sak]
zak- (abn)	sak-	[sak-]
mouw (de)	mou	[mæʊ]
lusje (het)	lussie	[lussi]
gulp (de)	gulp	[χulp]

rits (de)	ritssluiter	[rits·slœitər]
sluiting (de)	vasmaker	[fasmakər]
knoop (de)	knoop	[knoəp]

| knoopsgat (het) | knoopsgat | [knoəps·χat] |
| losraken (bijv. knopen) | loskom | [loskom] |

naaien (kleren, enz.)	naai	[näi]
borduren (ww)	borduur	[bordɪr]
borduursel (het)	borduurwerk	[bordɪr·werk]
naald (de)	naald	[nält]
draad (de)	garing	[χariŋ]
naad (de)	soom	[soəm]

vies worden (ww)	vuil word	[fœil vort]
vlek (de)	vlek	[flek]
gekreukt raken (ov. kleren)	kreukel	[krøəkəl]
scheuren (ov.ww.)	skeur	[skøər]
mot (de)	mot	[mot]

39. Persoonlijke verzorging. Schoonheidsmiddelen

tandpasta (de)	tandepasta	[tandə·pasta]
tandenborstel (de)	tandeborsel	[tandə·borsəl]
tanden poetsen (ww)	tande borsel	[tandə borsəl]

scheermes (het)	skeermes	[skeər·mes]
scheerschuim (het)	skeerroom	[skeər·roəm]
zich scheren (ww)	skeer	[skeər]

| zeep (de) | seep | [seəp] |
| shampoo (de) | sjampoe | [ʃampu] |

schaar (de)	skèr	[skær]
nagelvijl (de)	naelvyl	[naɛl·fajl]
nagelknipper (de)	naelknipper	[naɛl·knippər]
pincet (het)	haartangetjie	[härtaŋəki]

cosmetica (mv.)	kosmetika	[kosmetika]
masker (het)	gesigmasker	[χesiχ·maskər]
manicure (de)	manikuur	[manikɪr]
manicure doen	laat manikuur	[lät manikɪr]
pedicure (de)	voetbehandeling	[fut·behandeliŋ]

cosmetica tasje (het)	kosmetika tassie	[kosmetika tassi]
poeder (de/het)	gesigpoeier	[χesiχ·pujer]
poederdoos (de)	poeierdosie	[pujer·dosi]
rouge (de)	blosser	[blossər]

parfum (de/het)	parfuum	[parfɪm]
eau de toilet (de)	reukwater	[røək·vatər]
lotion (de)	vloeiroom	[flui·roəm]
eau de cologne (de)	reukwater	[røək·vatər]

oogschaduw (de)	oogskadu	[oəχ·skadu]
oogpotlood (het)	oogomlyner	[oəχ·omlajnər]
mascara (de)	maskara	[maskara]
lippenstift (de)	lipstiffie	[lip·stiffi]

nagellak (de)	naellak	[nacl·lak]
haarlak (de)	haarsproei	[hārs·prui]
deodorant (de)	reukweermiddel	[røek·veərmiddəl]

crème (de)	room	[roəm]
gezichtscrème (de)	gesigroom	[χesiχ·roəm]
handcrème (de)	handroom	[hand·roəm]
antirimpelcrème (de)	antirimpelroom	[antirimpəl·roəm]
dagcrème (de)	dagroom	[daχ·roəm]
nachtcrème (de)	nagroom	[naχ·roəm]
dag- (abn)	dag-	[daχ-]
nacht- (abn)	nag-	[naχ-]

tampon (de)	tampon	[tampon]
toiletpapier (het)	toiletpapier	[tojlet·papir]
föhn (de)	haardroër	[hār·droɛr]

40. Horloges. Klokken

polshorloge (het)	polshorlosie	[pols·horlosi]
wijzerplaat (de)	wyserplaat	[vajsər·plāt]
wijzer (de)	wyster	[vajstər]
metalen horlogeband (de)	metaal horlosiebandjie	[metāl horlosi·bandʒi]
horlogebandje (het)	horlosiebandjie	[horlosi·bandʒi]

batterij (de)	battery	[battəraj]
leeg zijn (ww)	pap wees	[pap veəs]
voorlopen (ww)	voorloop	[foərloəp]
achterlopen (ww)	agterloop	[aχtərloəp]

wandklok (de)	muurhorlosie	[mɪr·horlosi]
zandloper (de)	uurglas	[ɪr·χlas]
zonnewijzer (de)	sonwyser	[son·wajsər]
wekker (de)	wekker	[vɛkkər]
horlogemaker (de)	horlosiemaker	[horlosi·makər]
repareren (ww)	herstel	[herstəl]

ALLEDAAGSE ERVARING

41. Geld

geld (het)	geld	[χɛlt]
ruil (de)	valutaruil	[faluta·rœil]
koers (de)	wisselkoers	[vissel·kurs]
geldautomaat (de)	OTM	[o·te·em]
muntstuk (de)	muntstuk	[muntstuk]
dollar (de)	dollar	[dollar]
euro (de)	euro	[øəro]
lire (de)	lira	[lira]
Duitse mark (de)	Duitse mark	[dœitsə mark]
frank (de)	frank	[frank]
pond sterling (het)	pond sterling	[pont sterliŋ]
yen (de)	yen	[jɛn]
schuld (geldbedrag)	skuld	[skult]
schuldenaar (de)	skuldenaar	[skuldenãr]
uitlenen (ww)	uitleen	[œitleen]
lenen (geld ~)	leen	[leən]
bank (de)	bank	[bank]
bankrekening (de)	rekening	[rekəniŋ]
storten (ww)	deponeer	[deponeər]
opnemen (ww)	trek	[trek]
kredietkaart (de)	kredietkaart	[kredit·kãrt]
baar geld (het)	kontant	[kontant]
cheque (de)	tjek	[ʧek]
chequeboekje (het)	tjekboek	[ʧek·buk]
portefeuille (de)	beursie	[bøərsi]
geldbeugel (de)	muntstukbeursie	[muntstuk·bøərsi]
safe (de)	brandkas	[brant·kas]
erfgenaam (de)	erfgenaam	[ɛrfχənãm]
erfenis (de)	erfenis	[ɛrfenis]
fortuin (het)	fortuin	[fortœin]
huur (de)	huur	[hɪr]
huurprijs (de)	huur	[hɪr]
huren (huis, kamer)	huur	[hɪr]
prijs (de)	prys	[prajs]
kostprijs (de)	prys	[prajs]
som (de)	som	[som]
uitgeven (geld besteden)	spandeer	[spandeər]

kosten (mv.)	onkoste	[onkostə]
bezuinigen (ww)	besuinig	[besœinəχ]
zuinig (bn)	ekonomies	[ɛkonomis]

betalen (ww)	betaal	[betãl]
betaling (de)	betaling	[betaliŋ]
wisselgeld (het)	wisselgeld	[vissəl·χɛlt]

belasting (de)	belasting	[belastiŋ]
boete (de)	boete	[butə]
beboeten (bekeuren)	beboet	[bebut]

42. Post. Postkantoor

postkantoor (het)	poskantoor	[pos·kantoər]
post (de)	pos	[pos]
postbode (de)	posbode	[pos·bodə]
openingsuren (mv.)	besigheidsure	[besiχæjts·urə]

brief (de)	brief	[brif]
aangetekende brief (de)	geregistreerde brief	[χereχistreərdə brif]
briefkaart (de)	poskaart	[pos·kãrt]
telegram (het)	telegram	[teleχram]
postpakket (het)	pakkie	[pakki]
overschrijving (de)	geldoorplasing	[χɛld·oərplasiŋ]

ontvangen (ww)	ontvang	[ontfaŋ]
sturen (zenden)	stuur	[stɪr]
verzending (de)	versending	[fersendiŋ]

adres (het)	adres	[adres]
postcode (de)	poskode	[pos·kodə]
verzender (de)	sender	[sendər]
ontvanger (de)	ontvanger	[ontfaŋər]

| naam (de) | voornaam | [foərnãm] |
| achternaam (de) | van | [fan] |

tarief (het)	postarief	[pos·tarif]
standaard (bn)	standaard	[standãrt]
zuinig (bn)	ekonomies	[ɛkonomis]

gewicht (het)	gewig	[χeveχ]
afwegen (op de weegschaal)	weeg	[veeχ]
envelop (de)	koevert	[kufert]
postzegel (de)	posseêl	[pos·seɛl]

43. Bankieren

bank (de)	bank	[bank]
bankfiliaal (het)	tak	[tak]
bankbediende (de)	bankklerk	[bank·klerk]

manager (de)	bestuurder	[bestɪrdər]
bankrekening (de)	bankrekening	[bank·rekəniŋ]
rekeningnummer (het)	rekeningnommer	[rekəniŋ·nommər]
lopende rekening (de)	tjekrekening	[ʧek·rekəniŋ]
spaarrekening (de)	spaarrekening	[spār·rekəniŋ]

| de rekening sluiten | die rekening sluit | [di rekəniŋ slœit] |
| opnemen (ww) | trek | [trek] |

storting (de)	deposito	[deposito]
overschrijving (de)	telegrafiese oorplasing	[teleχrafisə oərplasiŋ]
een overschrijving maken	oorplaas	[oərplās]

| som (de) | som | [som] |
| Hoeveel? | Hoeveel? | [hufeəl?] |

| handtekening (de) | handtekening | [hand·tekəniŋ] |
| ondertekenen (ww) | onderteken | [ondərtekən] |

kredietkaart (de)	kredietkaart	[kredit·kārt]
code (de)	kode	[kodə]
kredietkaartnummer (het)	kredietkaartnommer	[kredit·kārt·nommər]
geldautomaat (de)	OTM	[o·te·em]

| cheque (de) | tjek | [ʧek] |
| chequeboekje (het) | tjekboek | [ʧek·buk] |

| lening, krediet (de) | lening | [leniŋ] |
| garantie (de) | waarborg | [vārborχ] |

44. Telefoon. Telefoongesprek

telefoon (de)	telefoon	[telefoən]
mobieltje (het)	selfoon	[sɛlfoən]
antwoordapparaat (het)	antwoordmasjien	[antwoərt·maʃin]

| bellen (ww) | bel | [bəl] |
| belletje (telefoontje) | oproep | [oprup] |

Hallo!	Hallo!	[hallo!]
vragen (ww)	vra	[fra]
antwoorden (ww)	antwoord	[antwoərt]

horen (ww)	hoor	[hoər]
goed (bw)	goed	[χut]
slecht (bw)	nie goed nie	[ni χut ni]
storingen (mv.)	steurings	[støəriŋs]

hoorn (de)	gehoorstuk	[χehoərstuk]
opnemen (ww)	optel	[optəl]
ophangen (ww)	afskakel	[afskakəl]

| bezet (bn) | besig | [besəχ] |
| overgaan (ww) | lui | [lœi] |

telefoonboek (het)	telefoongids	[telefoən·χids]
lokaal (bn)	lokale	[lokalə]
lokaal gesprek (het)	lokale oproep	[lokalə oprup]
interlokaal (bn)	langafstand	[lanχ·afstant]
interlokaal gesprek (het)	langafstand oproep	[lanχ·afstant oprup]
buitenlands (bn)	internasionale	[internaʃionalə]
buitenlands gesprek (het)	internasionale oproep	[internaʃionalə oprup]

45. Mobiele telefoon

mobieltje (het)	selfoon	[sɛlfoən]
scherm (het)	skerm	[skerm]
toets, knop (de)	knoppie	[knoppi]
simkaart (de)	SIMkaart	[sim·kãrt]
batterij (de)	battery	[battəraj]
leeg zijn (ww)	pap wees	[pap veəs]
acculader (de)	batterylaaier	[battəraj·lajer]
menu (het)	spyskaart	[spajs·kãrt]
instellingen (mv.)	instellings	[instɛlliŋs]
melodie (beltoon)	wysie	[vajsi]
selecteren (ww)	kies	[kis]
rekenmachine (de)	sakrekenaar	[sakrekənãr]
voicemail (de)	stempos	[stem·pos]
wekker (de)	wekker	[vɛkkər]
contacten (mv.)	kontakte	[kontaktə]
SMS-bericht (het)	SMS	[es·em·es]
abonnee (de)	intekenaar	[intekənãr]

46. Schrijfbehoeften

balpen (de)	bolpen	[bol·pen]
vulpen (de)	vulpen	[ful·pen]
potlood (het)	potlood	[potloət]
marker (de)	merkpen	[merk·pen]
viltstift (de)	viltpen	[filt·pen]
notitieboekje (het)	notaboekie	[nota·buki]
agenda (boekje)	dagboek	[daχ·buk]
liniaal (de/het)	liniaal	[liniãl]
rekenmachine (de)	sakrekenaar	[sakrekənãr]
gom (de)	uitveêr	[œitfeɛr]
punaise (de)	duimspyker	[dœim·spajkər]
paperclip (de)	skuifspeld	[skœif·spɛlt]
lijm (de)	gom	[χom]
nietmachine (de)	krammasjien	[kram·maʃin]

| perforator (de) | ponsmasjien | [poŋs·maʃin] |
| potloodslijper (de) | skerpmaker | [skerp·makər] |

47. Vreemde talen

taal (de)	taal	[tāl]
vreemd (bn)	vreemd	[freəmt]
vreemde taal (de)	vreemde taal	[freəmdə tāl]
leren (bijv. van buiten ~)	studeer	[studeər]
studeren (Nederlands ~)	leer	[leər]

lezen (ww)	lees	[leəs]
spreken (ww)	praat	[prāt]
begrijpen (ww)	verstaan	[ferstān]
schrijven (ww)	skryf	[skrajf]

snel (bw)	vinnig	[finnəχ]
langzaam (bw)	stadig	[stadəχ]
vloeiend (bw)	vlot	[flot]

regels (mv.)	reëls	[reɛls]
grammatica (de)	grammatika	[χrammatika]
vocabulaire (het)	woordeskat	[voərdeskat]
fonetiek (de)	fonetika	[fonetika]

leerboek (het)	handboek	[hand·buk]
woordenboek (het)	woordeboek	[voərdə·buk]
leerboek (het) voor zelfstudie	selfstudie boek	[sɛlfstudi buk]
taalgids (de)	taalgids	[tāl·χids]

cassette (de)	kasset	[kasset]
videocassette (de)	videoband	[video·bant]
CD (de)	CD	[se·de]
DVD (de)	DVD	[de·fe·de]

alfabet (het)	alfabet	[alfabet]
spellen (ww)	spel	[spel]
uitspraak (de)	uitspraak	[œitsprāk]
accent (het)	aksent	[aksent]

| woord (het) | woord | [voərt] |
| betekenis (de) | betekenis | [betekənis] |

cursus (de)	kursus	[kursus]
zich inschrijven (ww)	inskryf	[inskrajf]
leraar (de)	onderwyser	[ondərwajsər]

vertaling (een ~ maken)	vertaling	[fertaliŋ]
vertaling (tekst)	vertaling	[fertaliŋ]
vertaler (de)	vertaler	[fertalər]
tolk (de)	tolk	[tolk]

| polyglot (de) | poliglot | [poliχlot] |
| geheugen (het) | geheue | [χəhøə] |

MAALTIJDEN. RESTAURANT

48. Tafelschikking

lepel (de)	**lepel**	[lepəl]
mes (het)	**mes**	[mes]
vork (de)	**vurk**	[furk]
kopje (het)	**koppie**	[koppi]
bord (het)	**bord**	[bort]
schoteltje (het)	**piering**	[piriŋ]
servet (het)	**servet**	[serfət]
tandenstoker (de)	**tandestokkie**	[tandə·stokki]

49. Restaurant

restaurant (het)	**restaurant**	[restɔurant]
koffiehuis (het)	**koffiekroeg**	[koffi·kruχ]
bar (de)	**kroeg**	[kruχ]
tearoom (de)	**teekamer**	[teə·kamər]
kelner, ober (de)	**kelner**	[kɛlnər]
serveerster (de)	**kelnerin**	[kɛlnərin]
barman (de)	**kroegman**	[kruχman]
menu (het)	**spyskaart**	[spajs·kārt]
wijnkaart (de)	**wyn**	[vajn]
een tafel reserveren	**wynkaart**	[vajn·kārt]
gerecht (het)	**gereg**	[χerəχ]
bestellen (eten ~)	**bestel**	[bestəl]
een bestelling maken	**bestel**	[bestəl]
aperitief (de/het)	**drankie**	[dranki]
voorgerecht (het)	**voorgereg**	[foərχerəχ]
dessert (het)	**nagereg**	[naχerəχ]
rekening (de)	**rekening**	[rekəniŋ]
de rekening betalen	**die rekening betaal**	[di rekəniŋ betāl]
wisselgeld teruggeven	**kleingeld gee**	[klæjn·χɛlt χeə]
fooi (de)	**fooitjie**	[fojki]

50. Maaltijden

eten (het)	**kos**	[kos]
eten (ww)	**eet**	[eət]

ontbijt (het)	ontbyt	[ontbajt]
ontbijten (ww)	ontbyt	[ontbajt]
lunch (de)	middagete	[middaχ·etə]
lunchen (ww)	gaan eet	[χān eət]
avondeten (het)	aandete	[āndetə]
souperen (ww)	aandete gebruik	[āndetə χebrœik]

eetlust (de)	aptyt	[aptajt]
Eet smakelijk!	Smaaklike ete!	[smāklikə etə!]

openen (een fles ~)	oopmaak	[oəpmāk]
morsen (koffie, enz.)	mors	[mors]
zijn gemorst	mors	[mors]

koken (water kookt bij 100°C)	kook	[koək]
koken (Hoe om water te ~)	kook	[koək]
gekookt (~ water)	gekook	[χekoək]
afkoelen (koeler maken)	laat afkoel	[lāt afkul]
afkoelen (koeler worden)	afkoel	[afkul]

smaak (de)	smaak	[smāk]
nasmaak (de)	nasmaak	[nasmāk]

volgen een dieet	vermaer	[fermaər]
dieet (het)	dieet	[diət]
vitamine (de)	vitamien	[fitamin]
calorie (de)	kalorie	[kalori]
vegetariër (de)	vegetariër	[feχetariɛr]
vegetarisch (bn)	vegetaries	[feχetaris]

vetten (mv.)	vette	[fɛttə]
eiwitten (mv.)	proteïen	[proteïen]
koolhydraten (mv.)	koolhidrate	[koəlhidratə]

snede (de)	snytjie	[snajki]
stuk (bijv. een ~ taart)	stuk	[stuk]
kruimel (de)	krummel	[krumməl]

51. Bereide gerechten

gerecht (het)	gereg	[χerəχ]
keuken (bijv. Franse ~)	kookkuns	[koək·kuns]
recept (het)	resep	[resep]
portie (de)	porsie	[porsi]

salade (de)	slaai	[slāi]
soep (de)	sop	[sop]

bouillon (de)	helder sop	[hɛldər sop]
boterham (de)	toebroodjie	[tubroədʒi]
spiegelei (het)	gabakte eiers	[χabaktə æjers]

hamburger (de)	hamburger	[hamburχər]
biefstuk (de)	biefstuk	[bifstuk]

garnering (de)	sygereg	[saj·χerəχ]
spaghetti (de)	spaghetti	[spaχɛtti]
aardappelpuree (de)	kapokaartappels	[kapok·ārtappəls]
pizza (de)	pizza	[pizza]
pap (de)	pap	[pap]
omelet (de)	omelet	[omələt]

gekookt (in water)	gekook	[χekoək]
gerookt (bn)	gerook	[χeroək]
gebakken (bn)	gebak	[χebak]
gedroogd (bn)	gedroog	[χedroəχ]
diepvries (bn)	gevries	[χefris]
gemarineerd (bn)	gepiekel	[χepikəl]

zoet (bn)	soet	[sut]
gezouten (bn)	sout	[sæʊt]
koud (bn)	koud	[kæʊt]
heet (bn)	warm	[varm]
bitter (bn)	bitter	[bittər]
lekker (bn)	smaaklik	[smāklik]

koken (in kokend water)	kook in water	[koək in vatər]
bereiden (avondmaaltijd ~)	kook	[koək]
bakken (ww)	braai	[braj]
opwarmen (ww)	opwarm	[opwarm]

zouten (ww)	sout	[sæʊt]
peperen (ww)	peper	[pepər]
raspen (ww)	rasp	[rasp]
schil (de)	skil	[skil]
schillen (ww)	skil	[skil]

52. Voedsel

vlees (het)	vleis	[flæjs]
kip (de)	hoender	[hundər]
kuiken (het)	braaikuiken	[brāj·kœiken]
eend (de)	eend	[eent]
gans (de)	gans	[χaŋs]
wild (het)	wild	[vilt]
kalkoen (de)	kalkoen	[kalkun]

varkensvlees (het)	varkvleis	[fark·flæjs]
kalfsvlees (het)	kalfsvleis	[kalfs·flæjs]
schapenvlees (het)	lamsvleis	[lams·flæjs]
rundvlees (het)	beesvleis	[beəs·flæjs]
konijnenvlees (het)	konynvleis	[konajn·flæjs]

worst (de)	wors	[vors]
saucijs (de)	Weense worsie	[veɛŋsə vorsi]
spek (het)	spek	[spek]
ham (de)	ham	[ham]
gerookte achterham (de)	gerookte ham	[χeroəktə ham]
paté (de)	patee	[pateə]

lever (de)	**lewer**	[levər]
gehakt (het)	**maalvleis**	[mǎl·flæjs]
tong (de)	**tong**	[toŋ]

ei (het)	**eier**	[æjer]
eieren (mv.)	**eiers**	[æjers]
eiwit (het)	**eierwit**	[æjer·wit]
eigeel (het)	**dooier**	[dojer]

vis (de)	**vis**	[fis]
zeevruchten (mv.)	**seekos**	[see·kos]
schaaldieren (mv.)	**skaaldiere**	[skǎldirə]
kaviaar (de)	**kaviaar**	[kafiǎr]

krab (de)	**krab**	[krap]
garnaal (de)	**garnaal**	[χarnǎl]
oester (de)	**oester**	[ustər]
langoest (de)	**seekreef**	[see·kreəf]
octopus (de)	**seekat**	[see·kat]
inktvis (de)	**pylinkvis**	[pajl·inkfis]

steur (de)	**steur**	[støər]
zalm (de)	**salm**	[salm]
heilbot (de)	**heilbot**	[hæjlbot]

kabeljauw (de)	**kabeljou**	[kabeljæʊ]
makreel (de)	**makriel**	[makril]
tonijn (de)	**tuna**	[tuna]
paling (de)	**paling**	[paliŋ]

forel (de)	**forel**	[forəl]
sardine (de)	**sardyn**	[sardajn]
snoek (de)	**varswatersnoek**	[farswatər·snuk]
haring (de)	**haring**	[hariŋ]

brood (het)	**brood**	[broət]
kaas (de)	**kaas**	[kǎs]
suiker (de)	**suiker**	[sœikər]
zout (het)	**sout**	[sæʊt]

rijst (de)	**rys**	[rajs]
pasta (de)	**pasta**	[pasta]
noedels (mv.)	**noedels**	[nudɛls]

boter (de)	**botter**	[bottər]
plantaardige olie (de)	**plantaardige olie**	[plantǎrdiχə oli]
zonnebloemolie (de)	**sonblomolie**	[sonblom·oli]
margarine (de)	**margarien**	[marχarin]

olijven (mv.)	**olywe**	[olajvə]
olijfolie (de)	**olyfolie**	[olajf·oli]

melk (de)	**melk**	[melk]
gecondenseerde melk (de)	**kondensmelk**	[kondɛŋs·melk]
yoghurt (de)	**jogurt**	[joχurt]
zure room (de)	**suurroom**	[sɪr·roəm]

room (de)	room	[roəm]
mayonaise (de)	mayonnaise	[majonɛs]
crème (de)	crème	[krɛm]

graan (het)	ontbytgraan	[ontbajt·χrān]
meel (het), bloem (de)	meelblom	[meəl·blom]
conserven (mv.)	blikkieskos	[blikkis·kos]

maïsvlokken (mv.)	mielievlokkies	[mili·flokkis]
honing (de)	heuning	[høənin]
jam (de)	konfyt	[konfajt]
kauwgom (de)	kougom	[kæuχom]

53. Drankjes

water (het)	water	[vatər]
drinkwater (het)	drinkwater	[drink·vatər]
mineraalwater (het)	mineraalwater	[minerāl·vatər]

zonder gas	sonder gas	[sondər χas]
koolzuurhoudend (bn)	soda-	[soda-]
bruisend (bn)	bruis-	[brœis-]
ijs (het)	ys	[ajs]
met ijs	met ys	[met ajs]

alcohol vrij (bn)	nie-alkoholies	[ni-alkoholis]
alcohol vrije drank (de)	koeldrank	[kul·drank]
frisdrank (de)	verfrissende drank	[ferfrissendə drank]
limonade (de)	limonade	[limonadə]

alcoholische dranken (mv.)	likeure	[likøərə]
wijn (de)	wyn	[vajn]
witte wijn (de)	witwyn	[vit·vajn]
rode wijn (de)	rooiwyn	[roj·vajn]

likeur (de)	likeur	[likøər]
champagne (de)	sjampanje	[ʃampanje]
vermout (de)	vermoet	[fermut]

whisky (de)	whisky	[vhiskaj]
wodka (de)	vodka	[fodka]
gin (de)	jenever	[jenefər]
cognac (de)	brandewyn	[brandə·vajn]
rum (de)	rum	[rum]

koffie (de)	koffie	[koffi]
zwarte koffie (de)	swart koffie	[swart koffi]
koffie (de) met melk	koffie met melk	[koffi met melk]
cappuccino (de)	capuccino	[kaputʃino]
oploskoffie (de)	poeierkoffie	[pujer·koffi]

melk (de)	melk	[melk]
cocktail (de)	mengeldrankie	[menχəl·dranki]
milkshake (de)	melkskommel	[melk·skomməl]

sap (het)	**sap**	[sap]
tomatensap (het)	**tamatiesap**	[tamati·sap]
sinaasappelsap (het)	**lemoensap**	[lemoən·sap]
vers geperst sap (het)	**vars geparste sap**	[fars χeparstə sap]

bier (het)	**bier**	[bir]
licht bier (het)	**ligte bier**	[liχtə bir]
donker bier (het)	**donker bier**	[donkər bir]

thee (de)	**tee**	[teə]
zwarte thee (de)	**swart tee**	[swart teə]
groene thee (de)	**groen tee**	[χrun teə]

54. Groenten

groenten (mv.)	**groente**	[χruntə]
verse kruiden (mv.)	**groente**	[χruntə]

tomaat (de)	**tamatie**	[tamati]
augurk (de)	**komkommer**	[komkommər]
wortel (de)	**wortel**	[vortəl]
aardappel (de)	**aartappel**	[ãrtappəl]
ui (de)	**ui**	[œi]
knoflook (de)	**knoffel**	[knoffəl]

kool (de)	**kool**	[koəl]
bloemkool (de)	**blomkool**	[blom·koəl]
spruitkool (de)	**Brusselspruite**	[brussɛl·sprœeitə]
broccoli (de)	**broccoli**	[brokoli]

rode biet (de)	**beet**	[beət]
aubergine (de)	**eiervrug**	[æejerfruχ]
courgette (de)	**vingerskorsie**	[fiŋər·skorsi]

pompoen (de)	**pampoen**	[pampun]
raap (de)	**raap**	[rãp]

peterselie (de)	**pietersielie**	[pitərsili]
dille (de)	**dille**	[dillə]
sla (de)	**slaai**	[slãi]
selderij (de)	**seldery**	[selderaj]

asperge (de)	**aspersie**	[aspersi]
spinazie (de)	**spinasie**	[spinasi]

erwt (de)	**ertjie**	[ɛrki]
bonen (mv.)	**boontjies**	[boənkis]

maïs (de)	**mielie**	[mili]
boon (de)	**nierboontjie**	[nir·boənki]

peper (de)	**paprika**	[paprika]
radijs (de)	**radys**	[radajs]
artisjok (de)	**artisjok**	[artiʃok]

55. Vruchten. Noten

vrucht (de)	vrugte	[fruχtə]
appel (de)	appel	[appəl]
peer (de)	peer	[peər]
citroen (de)	suurlemoen	[sɪr·lemun]
sinaasappel (de)	lemoen	[lemun]
aardbei (de)	aarbei	[ārbæj]

mandarijn (de)	nartjie	[narki]
pruim (de)	pruim	[prœim]
perzik (de)	perske	[perskə]
abrikoos (de)	appelkoos	[appɛlkoəs]
framboos (de)	framboos	[framboəs]
ananas (de)	pynappel	[pajnappəl]

banaan (de)	piesang	[pisaŋ]
watermeloen (de)	waatlemoen	[vātlemun]
druif (de)	druif	[drœif]
kers (de)	kersie	[kersi]
zure kers (de)	suurkersie	[sɪr·kersi]
zoete kers (de)	soetkersie	[sut·kersi]
meloen (de)	spanspek	[spaŋspek]

grapefruit (de)	pomelo	[pomelo]
avocado (de)	avokado	[afokado]
papaja (de)	papaja	[papaja]
mango (de)	mango	[manχo]
granaatappel (de)	granaat	[χranāt]

rode bes (de)	rooi aalbessie	[roj ālbɛssi]
zwarte bes (de)	swartbessie	[swartbɛssi]
kruisbes (de)	appelliefie	[appɛllifi]
bosbes (de)	bosbessie	[bosbɛssi]
braambes (de)	braambessie	[brāmbɛssi]

rozijn (de)	rosyntjie	[rosajnki]
vijg (de)	vy	[faj]
dadel (de)	dadel	[dadəl]

pinda (de)	grondboontjie	[χront·boənki]
amandel (de)	amandel	[amandəl]
walnoot (de)	okkerneut	[okkər·nøət]
hazelnoot (de)	haselneut	[hasɛl·nøət]
kokosnoot (de)	klapper	[klappər]
pistaches (mv.)	pistachio	[pistatʃio]

56. Brood. Snoep

suikerbakkerij (de)	soet gebak	[sut χebak]
brood (het)	brood	[broət]
koekje (het)	koekies	[kukis]
chocolade (de)	sjokolade	[ʃokoladə]

chocolade- (abn)	sjokolade	[ʃokoladə]
snoepje (het)	lekkers	[lɛkkərs]
cakeje (het)	koek	[kuk]
taart (bijv. verjaardags~)	koek	[kuk]

| pastei (de) | pastei | [pastæj] |
| vulling (de) | vulsel | [fulsəl] |

confituur (de)	konfyt	[konfajt]
marmelade (de)	marmelade	[marmeladə]
wafel (de)	wafels	[vafɛls]
ijsje (het)	roomys	[roəm·ajs]
pudding (de)	poeding	[pudiŋ]

57. Kruiden

zout (het)	sout	[sæʊt]
gezouten (bn)	sout	[sæʊt]
zouten (ww)	sout	[sæʊt]

zwarte peper (de)	swart peper	[swart pepər]
rode peper (de)	rooi peper	[roj pepər]
mosterd (de)	mosterd	[mostert]
mierikswortel (de)	peperwortel	[peper·wortəl]

condiment (het)	smaakmiddel	[smāk·middəl]
specerij, kruiderij (de)	spesery	[spesəraj]
saus (de)	sous	[sæʊs]
azijn (de)	asyn	[asajn]

anijs (de)	anys	[anajs]
basilicum (de)	basilikum	[basilikum]
kruidnagel (de)	naeltjies	[naɛlkis]
gember (de)	gemmer	[xɛmmər]
koriander (de)	koljander	[koljandər]
kaneel (de/het)	kaneel	[kaneəl]

sesamzaad (het)	sesamsaad	[sesam·sāt]
laurierblad (het)	lourierblaar	[læʊrir·blār]
paprika (de)	paprika	[paprika]
komijn (de)	komynsaad	[komajnsāt]
saffraan (de)	saffraan	[saffrān]

PERSOONLIJKE INFORMATIE. FAMILIE

58. Persoonlijke informatie. Formulieren

naam (de)	voornaam	[foərnãm]
achternaam (de)	van	[fan]
geboortedatum (de)	geboortedatum	[χeboərtə·datum]
geboorteplaats (de)	geboorteplek	[χeboərtə·plek]
nationaliteit (de)	nasionaliteit	[naʃionalitæjt]
woonplaats (de)	woonplek	[voən·plek]
land (het)	land	[lant]
beroep (het)	beroep	[berup]
geslacht (ov. het vrouwelijk ~)	geslag	[χeslaχ]
lengte (de)	lengte	[leŋtə]
gewicht (het)	gewig	[χevəχ]

59. Familieleden. Verwanten

moeder (de)	moeder	[mudər]
vader (de)	vader	[fadər]
zoon (de)	seun	[søən]
dochter (de)	dogter	[doχtər]
jongste dochter (de)	jonger dogter	[joŋər doχtər]
jongste zoon (de)	jonger seun	[joŋər søən]
oudste dochter (de)	oudste dogter	[æudstə doχtər]
oudste zoon (de)	oudste seun	[æudstə søən]
broer (de)	broer	[brur]
oudere broer (de)	ouer broer	[æʋer brur]
jongere broer (de)	jonger broer	[joŋər brur]
zuster (de)	suster	[sustər]
oudere zuster (de)	ouer suster	[æʋer sustər]
jongere zuster (de)	jonger suster	[joŋər sustər]
neef (zoon van oom, tante)	neef	[neəf]
nicht (dochter van oom, tante)	neef	[neəf]
mama (de)	ma	[ma]
papa (de)	pa	[pa]
ouders (mv.)	ouers	[æʋers]
kind (het)	kind	[kint]
kinderen (mv.)	kinders	[kindərs]
oma (de)	ouma	[æuma]

opa (de)	oupa	[æʊpa]
kleinzoon (de)	kleinseun	[klæjn·søən]
kleindochter (de)	kleindogter	[klæjn·doҳtər]
kleinkinderen (mv.)	kleinkinders	[klæjn·kindərs]

oom (de)	oom	[oəm]
tante (de)	tante	[tantə]
neef (zoon van broer, zus)	neef	[neəf]
nicht (dochter van broer, zus)	nig	[niҳ]

schoonmoeder (de)	skoonma	[skoən·ma]
schoonvader (de)	skoonpa	[skoən·pa]
schoonzoon (de)	skoonseun	[skoən·søən]
stiefmoeder (de)	stiefma	[stifma]
stiefvader (de)	stiefpa	[stifpa]

zuigeling (de)	baba	[baba]
wiegenkind (het)	baba	[baba]
kleuter (de)	seuntjie	[søənki]

vrouw (de)	vrou	[fræʊ]
man (de)	man	[man]
echtgenoot (de)	eggenoot	[ɛҳҳenoət]
echtgenote (de)	eggenote	[ɛҳҳenotə]

gehuwd (mann.)	getroud	[ҳetræʊt]
gehuwd (vrouw.)	getroud	[ҳetræʊt]
ongehuwd (mann.)	ongetroud	[onҳətræʊt]
vrijgezel (de)	vrygesel	[frajҳesəl]
gescheiden (bn)	geskei	[ҳeskæj]
weduwe (de)	weduwee	[veduveə]
weduwnaar (de)	wedunaar	[vedunãr]

familielid (het)	familielid	[famililit]
dichte familielid (het)	na familie	[na famili]
verre familielid (het)	ver familie	[fer famili]
familieleden (mv.)	familielede	[famililedə]

wees (de), weeskind (het)	weeskind	[veəskint]
voogd (de)	voog	[foəҳ]
adopteren (een jongen te ~)	aanneem	[ānneəm]
adopteren (een meisje te ~)	aanneem	[ānneəm]

60. Vrienden. Collega's

vriend (de)	vriend	[frint]
vriendin (de)	vriendin	[frindin]
vriendschap (de)	vriendskap	[frindskap]
bevriend zijn (ww)	bevriend wees	[befrint veəs]

makker (de)	maat	[mãt]
vriendin (de)	vriendin	[frindin]
partner (de)	maat	[mãt]
chef (de)	baas	[bãs]

baas (de)	baas	[bās]
eigenaar (de)	eienaar	[æjenãr]
ondergeschikte (de)	ondergeskikte	[ondərχeskiktə]
collega (de)	kollega	[kolleχa]

kennis (de)	kennis	[kɛnnis]
medereiziger (de)	medereisiger	[medə·ræjsiχər]
klasgenoot (de)	klasmaat	[klas·mãt]

buurman (de)	buurman	[bɪrman]
buurvrouw (de)	buurvrou	[bɪrfræʊ]
buren (mv.)	bure	[burə]

MENSELIJK LICHAAM. GENEESKUNDE

61. Hoofd

hoofd (het)	kop	[kop]
gezicht (het)	gesig	[χesəχ]
neus (de)	neus	[nøøs]
mond (de)	mond	[mont]

oog (het)	oog	[oeχ]
ogen (mv.)	oë	[oɛ]
pupil (de)	pupil	[pupil]
wenkbrauw (de)	wenkbrou	[vɛnk·bræʊ]
wimper (de)	ooghaar	[oeχ·hār]
ooglid (het)	ooglid	[oeχ·lit]

tong (de)	tong	[toŋ]
tand (de)	tand	[tant]
lippen (mv.)	lippe	[lippə]
jukbeenderen (mv.)	wangbene	[vaŋ·benə]
tandvlees (het)	tandvleis	[tand·flæjs]
gehemelte (het)	verhemelte	[fer·hemɛltə]

neusgaten (mv.)	neusgate	[nøøsχatə]
kin (de)	ken	[ken]
kaak (de)	kakebeen	[kakebeen]
wang (de)	wang	[vaŋ]

voorhoofd (het)	voorhoof	[foərhoəf]
slaap (de)	slaap	[slāp]
oor (het)	oor	[oər]
achterhoofd (het)	agterkop	[aχtərkop]
hals (de)	nek	[nek]
keel (de)	keel	[keəl]

haren (mv.)	haar	[hār]
kapsel (het)	kapsel	[kapsəl]
haarsnit (de)	haarstyl	[hārstajl]
pruik (de)	pruik	[prœik]

snor (de)	snor	[snor]
baard (de)	baard	[bārt]
dragen (een baard, enz.)	dra	[dra]
vlecht (de)	vlegsel	[fleχsəl]
bakkebaarden (mv.)	bakkebaarde	[bakkəbārdə]

ros (roodachtig, rossig)	rooiharig	[roj·harəχ]
grijs (~ haar)	grys	[χrajs]
kaal (bn)	kaal	[kāl]
kale plek (de)	kaal plek	[kāl plek]

| paardenstaart (de) | poniestert | [poni·stert] |
| pony (de) | gordyntjiekapsel | [χordajnki·kapsəl] |

62. Menselijk lichaam

| hand (de) | hand | [hant] |
| arm (de) | arm | [arm] |

vinger (de)	vinger	[fiŋər]
teen (de)	toon	[toən]
duim (de)	duim	[dœim]
pink (de)	pinkie	[pinki]
nagel (de)	nael	[naəl]

vuist (de)	vuis	[fœis]
handpalm (de)	palm	[palm]
pols (de)	pols	[pols]
voorarm (de)	voorarm	[foərarm]
elleboog (de)	elmboog	[ɛlmboəχ]
schouder (de)	skouer	[skæuər]

been (rechter ~)	been	[beən]
voet (de)	voet	[fut]
knie (de)	knie	[kni]
kuit (de)	kuit	[kœit]
heup (de)	heup	[høəp]
hiel (de)	hakskeen	[hak·skeən]

lichaam (het)	liggaam	[liχχām]
buik (de)	maag	[māχ]
borst (de)	bors	[bors]
borst (de)	bors	[bors]
zijde (de)	sy	[saj]
rug (de)	rug	[ruχ]
lage rug (de)	lae rug	[laə ruχ]
taille (de)	middel	[middəl]

navel (de)	naeltjie	[naɛlki]
billen (mv.)	boude	[bæudə]
achterwerk (het)	sitvlak	[sitflak]

huidvlek (de)	moesie	[musi]
moedervlek (de)	moedervlek	[mudər·flek]
tatoeage (de)	tatoe	[tatu]
litteken (het)	litteken	[littekən]

63. Ziekten

ziekte (de)	siekte	[siktə]
ziek zijn (ww)	siek wees	[sik veəs]
gezondheid (de)	gesondheid	[χesonthæjt]
snotneus (de)	loopneus	[loəpnøəs]

angina (de)	keelontsteking	[keəl·ontstekiŋ]
verkoudheid (de)	verkoue	[ferkæʊə]
bronchitis (de)	bronchitis	[bronχitis]
longontsteking (de)	longontsteking	[loŋ·ontstekiŋ]
griep (de)	griep	[χrip]
bijziend (bn)	bysiende	[bajsində]
verziend (bn)	versiende	[fersində]
scheelheid (de)	skeelheid	[skeəlhæjt]
scheel (bn)	skeel	[skeəl]
grauwe staar (de)	katarak	[katarak]
glaucoom (het)	gloukoom	[χlæʊkoəm]
beroerte (de)	beroerte	[berurtə]
hartinfarct (het)	hartaanval	[hart·ānfal]
myocardiaal infarct (het)	hartinfark	[hart·infark]
verlamming (de)	verlamming	[ferlammiŋ]
verlammen (ww)	verlam	[ferlam]
allergie (de)	allergie	[allerχi]
astma (de/het)	asma	[asma]
diabetes (de)	suikersiekte	[sœikər·siktə]
tandpijn (de)	tandpyn	[tand·pajn]
tandbederf (het)	tandbederf	[tand·bederf]
diarree (de)	diarree	[diarreə]
constipatie (de)	hardlywigheid	[hardlajviχæjt]
maagstoornis (de)	maagongesteldheid	[mãχ·oŋəstɛldhæjt]
voedselvergiftiging (de)	voedselvergiftiging	[fudsəl·ferχiftəχiŋ]
voedselvergiftiging oplopen	voedselvergiftiging kry	[fudsəl·ferχiftəχiŋ kraj]
artritis (de)	artritis	[artritis]
rachitis (de)	Engelse siekte	[ɛŋəlsə siktə]
reuma (het)	reumatiek	[røəmatik]
arteriosclerose (de)	artrosklerose	[artrosklerosə]
gastritis (de)	maagontsteking	[mãχ·ontstekiŋ]
blindedarmontsteking (de)	blindedermontsteking	[blindəderm·ontstekiŋ]
galblaasontsteking (de)	galblaasontsteking	[χalblãs·ontstekiŋ]
zweer (de)	maagsweer	[mãχsweər]
mazelen (mv.)	masels	[masɛls]
rodehond (de)	Duitse masels	[dœitsə masɛls]
geelzucht (de)	geelsug	[χeəlsuχ]
leverontsteking (de)	hepatitis	[hepatitis]
schizofrenie (de)	skisofrenie	[skisofreni]
dolheid (de)	hondsdolheid	[hondsdolhæjt]
neurose (de)	neurose	[nøərosə]
hersenschudding (de)	harsingskudding	[harsiŋ·skuddiŋ]
kanker (de)	kanker	[kankər]
sclerose (de)	sklerose	[sklerosə]
multiple sclerose (de)	veelvuldige sklerose	[feəlfuldiχə sklerosə]

alcoholisme (het)	alkoholisme	[alkoholismə]
alcoholicus (de)	alkoholikus	[alkoholikus]
syfilis (de)	sifilis	[sifilis]
AIDS (de)	VIGS	[vigs]

tumor (de)	tumor	[tumor]
kwaadaardig (bn)	kwaadaardig	[kwãdãrdəχ]
goedaardig (bn)	goedaardig	[χudãrdəχ]

koorts (de)	koors	[koərs]
malaria (de)	malaria	[malaria]
gangreen (het)	gangreen	[χanχreən]
zeeziekte (de)	seesiekte	[seə·siktə]
epilepsie (de)	epilepsie	[ɛpilepsi]

epidemie (de)	epidemie	[ɛpidemi]
tyfus (de)	tifus	[tifus]
tuberculose (de)	tuberkulose	[tuberkulosə]
cholera (de)	cholera	[χolera]
pest (de)	pes	[pes]

64. Symptomen. Behandelingen. Deel 1

symptoom (het)	simptoom	[simptoəm]
temperatuur (de)	temperatuur	[temperatɪr]
verhoogde temperatuur (de)	koors	[koərs]
polsslag (de)	polsslag	[pols·slaχ]

duizeling (de)	duiseligheid	[dœiseliχæjt]
heet (erg warm)	warm	[varm]
koude rillingen (mv.)	koue rillings	[kæʊə rilliŋs]
bleek (bn)	bleek	[bleək]

hoest (de)	hoes	[hus]
hoesten (ww)	hoes	[hus]
niezen (ww)	nies	[nis]
flauwte (de)	floute	[flæʊtə]
flauwvallen (ww)	flou word	[flæʊ vort]

blauwe plek (de)	blou kol	[blæʊ kol]
buil (de)	knop	[knop]
zich stoten (ww)	stamp	[stamp]
kneuzing (de)	besering	[beseriŋ]

hinken (ww)	hink	[hink]
verstuiking (de)	ontwrigting	[ontwriχtiŋ]
verstuiken (enkel, enz.)	ontwrig	[ontwrəχ]
breuk (de)	breuk	[brøək]
een breuk oplopen	n breuk hè	[n brøək hɛ:]

snijwond (de)	sny	[snaj]
zich snijden (ww)	jouself sny	[jæʊsɛlf snaj]
bloeding (de)	bloeding	[bludiŋ]
brandwond (de)	brandwond	[brant·vont]

zich branden (ww)	jouself brand	[jæusɛlf brant]
prikken (ww)	prik	[prik]
zich prikken (ww)	jouself prik	[jæusɛlf prik]
blesseren (ww)	seermaak	[seərmãk]
blessure (letsel)	besering	[beseriŋ]
wond (de)	wond	[vont]
trauma (het)	trauma	[trɔuma]

IJlen (ww)	yl	[ajl]
stotteren (ww)	stotter	[stottər]
zonnesteek (de)	sonsteek	[sɔŋ·steək]

65. Symptomen. Behandelingen. Deel 2

pijn (de)	pyn	[pajn]
splinter (de)	splinter	[splintər]

zweet (het)	sweet	[sweət]
zweten (ww)	sweet	[sweət]
braking (de)	braak	[brãk]
stuiptrekkingen (mv.)	stuiptrekkings	[stœip·trɛkkiŋs]

zwanger (bn)	swanger	[swaŋər]
geboren worden (ww)	gebore word	[χeborə vort]
geboorte (de)	geboorte	[χeboərtə]
baren (ww)	baar	[bãr]
abortus (de)	aborsie	[aborsi]

ademhaling (de)	asemhaling	[asemhaliŋ]
inademing (de)	inaseming	[inasemiŋ]
uitademing (de)	uitaseming	[œitasemiŋ]
uitademen (ww)	uitasem	[œitasem]
inademen (ww)	inasem	[inasem]

invalide (de)	invalide	[infalidə]
gehandicapte (de)	kreupel	[krøəpəl]
drugsverslaafde (de)	dwelmslaaf	[dwɛlm·slãf]

doof (bn)	doof	[doəf]
stom (bn)	stom	[stom]
doofstom (bn)	doofstom	[doəf·stom]

krankzinnig (bn)	swaksinnig	[swaksinnəχ]
krankzinnige (man)	kranksinnige	[kranksinnixə]
krankzinnige (vrouw)	kranksinnige	[kranksinnixə]
krankzinnig worden	kranksinnig word	[kranksinnəχ vort]

gen (het)	geen	[χeən]
immuniteit (de)	immuniteit	[immunitæjt]
erfelijk (bn)	erflik	[ɛrflik]
aangeboren (bn)	aangebore	[ãnχəborə]

virus (het)	virus	[firus]
microbe (de)	mikrobe	[mikrobə]

| bacterie (de) | bakterie | [bakteri] |
| infectie (de) | infeksie | [infeksi] |

66. Symptomen. Behandelingen. Deel 3

| ziekenhuis (het) | hospitaal | [hospitãl] |
| patiënt (de) | pasiënt | [pasiɛnt] |

diagnose (de)	diagnose	[diaχnosə]
genezing (de)	genesing	[χenesiŋ]
medische behandeling (de)	mediese behandeling	[medisə behandəliŋ]
onder behandeling zijn	behandeling kry	[behandəliŋ kraj]
behandelen (ww)	behandel	[behandəl]
zorgen (zieken ~)	versorg	[fersorχ]
ziekenzorg (de)	versorging	[fersorχiŋ]

operatie (de)	operasie	[operasi]
verbinden (een arm ~)	verbind	[ferbint]
verband (het)	verband	[ferbant]

vaccin (het)	inenting	[inɛntiŋ]
inenten (vaccineren)	inent	[inɛnt]
injectie (de)	inspuiting	[inspœitiŋ]

aanval (de)	aanval	[ãnfal]
amputatie (de)	amputasie	[amputasi]
amputeren (ww)	amputeer	[amputeər]
coma (het)	koma	[koma]
intensieve zorg, ICU (de)	intensiewe sorg	[intɛnsivə sorχ]

zich herstellen (ww)	herstel	[herstəl]
toestand (de)	kondisie	[kondisi]
bewustzijn (het)	bewussyn	[bevussajn]
geheugen (het)	geheue	[χəhøə]

trekken (een kies ~)	trek	[trek]
vulling (de)	vulsel	[fulsəl]
vullen (ww)	vul	[ful]

| hypnose (de) | hipnose | [hipnosə] |
| hypnotiseren (ww) | hipnotiseer | [hipnotiseər] |

67. Geneeskunde. Medicijnen. Accessoires

geneesmiddel (het)	medisyn	[medisajn]
middel (het)	geneesmiddel	[χeneəs·middəl]
voorschrijven (ww)	voorskryf	[foərskrajf]
recept (het)	voorskrif	[foərskrif]

tablet (de/het)	pil	[pil]
zalf (de)	salf	[salf]
ampul (de)	ampul	[ampul]

67

drank (de)	mengsel	[meŋsəl]
siroop (de)	stroop	[stroəp]
pil (de)	pil	[pil]
poeder (de/het)	poeier	[pujer]

verband (het)	verband	[ferbant]
watten (mv.)	watte	[vattə]
jodium (het)	iodium	[iodium]

pleister (de)	pleister	[plæjstər]
pipet (de)	oogdrupper	[oəχ·druppər]
thermometer (de)	termometer	[termometər]
spuit (de)	spuitnaald	[spœit·nãlt]

| rolstoel (de) | rolstoel | [rol·stul] |
| krukken (mv.) | krukke | [krukkə] |

pijnstiller (de)	pynstiller	[pajn·stillər]
laxeermiddel (het)	lakseermiddel	[lakseer·middəl]
spiritus (de)	spiritus	[spiritus]
medicinale kruiden (mv.)	geneeskragtige kruie	[χenees·kraχtiχə krœiə]
kruiden- (abn)	kruie-	[krœie-]

APPARTEMENT

68. Appartement

appartement (het)	woonstel	[voəŋstəl]
kamer (de)	kamer	[kamər]
slaapkamer (de)	slaapkamer	[slāp·kamər]
eetkamer (de)	eetkamer	[eət·kamər]
salon (de)	sitkamer	[sit·kamər]
studeerkamer (de)	studeerkamer	[studeər·kamər]
gang (de)	ingangsportaal	[inχaŋs·portāl]
badkamer (de)	badkamer	[bad·kamər]
toilet (het)	toilet	[tojlet]
plafond (het)	plafon	[plafon]
vloer (de)	vloer	[flur]
hoek (de)	hoek	[huk]

69. Meubels. Interieur

meubels (mv.)	meubels	[møəbɛls]
tafel (de)	tafel	[tafəl]
stoel (de)	stoel	[stul]
bed (het)	bed	[bet]
bankstel (het)	rusbank	[rusbank]
fauteuil (de)	gemakstoel	[χemak·stul]
boekenkast (de)	boekkas	[buk·kas]
boekenrek (het)	rak	[rak]
kledingkast (de)	klerekas	[klerə·kas]
kapstok (de)	kapstok	[kapstok]
staande kapstok (de)	kapstok	[kapstok]
commode (de)	laaikas	[lājkas]
salontafeltje (het)	koffietafel	[koffi·tafəl]
spiegel (de)	spieël	[spiɛl]
tapijt (het)	mat	[mat]
tapijtje (het)	matjie	[maki]
haard (de)	vuurherd	[fɪr·hert]
kaars (de)	kers	[kers]
kandelaar (de)	kandelaar	[kandelār]
gordijnen (mv.)	gordyne	[χordajnə]
behang (het)	muurpapier	[mɪr·papir]

jaloezie (de)	blindings	[blindiŋs]
bureaulamp (de)	tafellamp	[tafel·lamp]
wandlamp (de)	muurlamp	[mɪr·lamp]
staande lamp (de)	staanlamp	[stãn·lamp]
luchter (de)	kroonlugter	[kroən·luχtər]

poot (ov. een tafel, enz.)	poot	[poət]
armleuning (de)	armleuning	[arm·løəniŋ]
rugleuning (de)	rugleuning	[ruχ·løəniŋ]
la (de)	laai	[lãi]

70. Beddengoed

beddengoed (het)	beddegoed	[beddə·χut]
kussen (het)	kussing	[kussiŋ]
kussenovertrek (de)	kussingsloop	[kussiŋ·sloəp]
deken (de)	duvet	[dufet]
laken (het)	laken	[laken]
sprei (de)	bedsprei	[bed·spræj]

71. Keuken

keuken (de)	kombuis	[kombœis]
gas (het)	gas	[χas]
gasfornuis (het)	gasstoof	[χas·stoəf]
elektrisch fornuis (het)	elektriese stoof	[elektrisə stoəf]
oven (de)	oond	[oent]
magnetronoven (de)	mikrogolfoond	[mikroχolf·oent]

koelkast (de)	yskas	[ajs·kas]
diepvriezer (de)	vrieskas	[friskas]
vaatwasmachine (de)	skottelgoedwasser	[skottɛlχud·wassər]

vleesmolen (de)	vleismeul	[flæjs·møəl]
vruchtenpers (de)	versapper	[fersappər]
toaster (de)	broodrooster	[broəd·roəstər]
mixer (de)	menger	[meŋər]

koffiemachine (de)	koffiemasjien	[koffi·maʃin]
koffiepot (de)	koffiepot	[koffi·pot]
koffiemolen (de)	koffiemeul	[koffi·møəl]

fluitketel (de)	fluitketel	[flœit·ketəl]
theepot (de)	teepot	[teə·pot]
deksel (de/het)	deksel	[deksəl]
theezeefje (het)	teesiffie	[teə·siffi]

lepel (de)	lepel	[lepəl]
theelepeltje (het)	teelepeltjie	[teə·lepəlki]
eetlepel (de)	soplepel	[sop·lepəl]
vork (de)	vurk	[furk]
mes (het)	mes	[mes]

vaatwerk (het)	tafelgerei	[tafel·χeræj]
bord (het)	bord	[bort]
schoteltje (het)	piering	[piriŋ]

likeurglas (het)	likeurglas	[likøər·χlas]
glas (het)	glas	[χlas]
kopje (het)	koppie	[koppi]

suikerpot (de)	suikerpot	[sœiker·pot]
zoutvat (het)	soutvaatjie	[sæʊt·fāki]
pepervat (het)	pepervaatjie	[peper·fāki]
boterschaaltje (het)	botterbakkie	[botter·bakki]

pan (de)	soppot	[sop·pot]
bakpan (de)	braaipan	[brāj·pan]
pollepel (de)	opskeplepel	[opskep·lepel]
vergiet (de/het)	vergiet	[ferχit]
dienblad (het)	skinkbord	[skink·bort]

fles (de)	bottel	[bottel]
glazen pot (de)	fles	[fles]
blik (conserven~)	blikkie	[blikki]

flesopener (de)	botteloopmaker	[bottel·oəpmaker]
blikopener (de)	blikoopmaker	[blik·oəpmaker]
kurkentrekker (de)	kurktrekker	[kurk·trɛkker]
filter (de/het)	filter	[filter]
filteren (ww)	filter	[filter]

huisvuil (het)	vullis	[fullis]
vuilnisemmer (de)	vullisbak	[fullis·bak]

72. Badkamer

badkamer (de)	badkamer	[bad·kamer]
water (het)	water	[vater]
kraan (de)	kraan	[krān]
warm water (het)	warme water	[varme vater]
koud water (het)	koue water	[kæʊə vater]

tandpasta (de)	tandepasta	[tande·pasta]
tanden poetsen (ww)	tande borsel	[tande borsel]
tandenborstel (de)	tandeborsel	[tande·borsel]

zich scheren (ww)	skeer	[skeer]
scheercrème (de)	skeerroom	[skeer·roəm]
scheermes (het)	skeermes	[skeer·mes]

wassen (ww)	was	[vas]
een bad nemen	bad	[bat]
douche (de)	stort	[stort]
een douche nemen	stort	[stort]
bad (het)	bad	[bat]
toiletpot (de)	toilet	[tojlet]

wastafel (de)	**wasbak**	[vas·bak]
zeep (de)	**seep**	[seəp]
zeepbakje (het)	**seepbakkie**	[seəp·bakki]

spons (de)	**spons**	[spɔŋs]
shampoo (de)	**sjampoe**	[ʃampu]
handdoek (de)	**handdoek**	[handduk]
badjas (de)	**badjas**	[batjas]

was (bijv. handwas)	**was**	[vas]
wasmachine (de)	**wasmasjien**	[vas·maʃin]
de was doen	**die wasgoed was**	[di vasχut vas]
waspoeder (de)	**waspoeier**	[vas·pujer]

73. Huishoudelijke apparaten

televisie (de)	**TV-stel**	[te·fe·stəl]
cassettespeler (de)	**bandspeler**	[band·spelər]
videorecorder (de)	**videomasjien**	[video·maʃin]
radio (de)	**radio**	[radio]
speler (de)	**speler**	[spelər]

videoprojector (de)	**videoprojektor**	[video·projektor]
home theater systeem (het)	**tuisfliekteater**	[tœis·flik·teatər]
DVD-speler (de)	**DVD-speler**	[de·fe·de-spelər]
versterker (de)	**versterker**	[fersterkər]
spelconsole (de)	**videokonsole**	[video·kɔŋsolə]

videocamera (de)	**videokamera**	[video·kamera]
fotocamera (de)	**kamera**	[kamera]
digitale camera (de)	**digitale kamera**	[diχitalə kamera]

stofzuiger (de)	**stofsuier**	[stof·sœiər]
strijkijzer (het)	**strykyster**	[strajk·ajstər]
strijkplank (de)	**strykplank**	[strajk·plank]

telefoon (de)	**telefoon**	[telefoən]
mobieltje (het)	**selfoon**	[sɛlfoən]
schrijfmachine (de)	**tikmasjien**	[tik·maʃin]
naaimachine (de)	**naaimasjien**	[naj·maʃin]

microfoon (de)	**mikrofoon**	[mikrofoən]
koptelefoon (de)	**koptelefoon**	[kop·telefoən]
afstandsbediening (de)	**afstandsbeheer**	[afstands·beheər]

CD (de)	**CD**	[se·de]
cassette (de)	**kasset**	[kasset]
vinylplaat (de)	**plaat**	[plāt]

DE AARDE. WEER

74. De kosmische ruimte

kosmos (de)	kosmos	[kosmos]
kosmisch (bn)	kosmies	[kosmis]
kosmische ruimte (de)	buitenste ruimte	[bœitɛŋstə rajmtə]
wereld (de)	wêreld	[værɛlt]
heelal (het)	heelal	[heəlal]
sterrenstelsel (het)	sterrestelsel	[sterrə·stɛlsəl]
ster (de)	ster	[ster]
sterrenbeeld (het)	sterrebeeld	[sterrə·beəlt]
planeet (de)	planeet	[planeət]
satelliet (de)	satelliet	[satɛllit]
meteoriet (de)	meteoriet	[meteorit]
komeet (de)	komeet	[komeət]
asteroïde (de)	asteroïed	[asteroïət]
baan (de)	baan	[bān]
draaien (om de zon, enz.)	draai	[drāi]
atmosfeer (de)	atmosfeer	[atmosfeər]
Zon (de)	die Son	[di son]
zonnestelsel (het)	sonnestelsel	[sonnə·stɛlsəl]
zonsverduistering (de)	sonsverduistering	[sɔŋs·ferdœisteriŋ]
Aarde (de)	die Aarde	[di ārdə]
Maan (de)	die Maan	[di mān]
Mars (de)	Mars	[mars]
Venus (de)	Venus	[fenus]
Jupiter (de)	Jupiter	[jupitər]
Saturnus (de)	Saturnus	[saturnus]
Mercurius (de)	Mercurius	[merkurius]
Uranus (de)	Uranus	[uranus]
Neptunus (de)	Neptunus	[neptunus]
Pluto (de)	Pluto	[pluto]
Melkweg (de)	Melkweg	[melk·weχ]
Grote Beer (de)	Groot Beer	[χroət beər]
Poolster (de)	Poolster	[poəl·stər]
marsmannetje (het)	marsbewoner	[mars·bevonər]
buitenaards wezen (het)	buiteaardse wese	[bœitə·ārdsə vesə]
bovenaards (het)	ruimtewese	[rœimtə·vesə]

73

vliegende schotel (de)	vlieënde skottel	[flɪɛndə skottəl]
ruimtevaartuig (het)	ruimteskip	[rœimtə·skip]
ruimtestation (het)	ruimtestasie	[rœimtə·stasi]
start (de)	vertrek	[fertrek]
motor (de)	enjin	[ɛnʤin]
straalpijp (de)	uitlaatpyp	[œitlāt·pajp]
brandstof (de)	brandstof	[brantstof]
cabine (de)	stuurkajuit	[stɪr·kajœit]
antenne (de)	lugdraad	[luχdrāt]
patrijspoort (de)	patryspoort	[patrajs·poərt]
zonnebatterij (de)	sonpaneel	[son·paneəl]
ruimtepak (het)	ruimtepak	[rœimtə·pak]
gewichtloosheid (de)	gewigloosheid	[χeviχloəshæjt]
zuurstof (de)	suurstof	[sɪrstof]
koppeling (de)	koppeling	[koppeliŋ]
koppeling maken	koppel	[koppəl]
observatorium (het)	observatorium	[observatorium]
telescoop (de)	teleskoop	[teleskoəp]
waarnemen (ww)	waarneem	[vārneəm]
exploreren (ww)	eksploreer	[ɛksploreər]

75. De Aarde

Aarde (de)	die Aarde	[di ārdə]
aardbol (de)	die aardbol	[di ārdbol]
planeet (de)	planeet	[planeət]
atmosfeer (de)	atmosfeer	[atmosfeər]
aardrijkskunde (de)	geografie	[χeoχrafi]
natuur (de)	natuur	[natɪr]
wereldbol (de)	aardbol	[ārd·bol]
kaart (de)	kaart	[kārt]
atlas (de)	atlas	[atlas]
Europa (het)	Europa	[øəropa]
Azië (het)	Asië	[asiɛ]
Afrika (het)	Afrika	[afrika]
Australië (het)	Australië	[ɔustraliɛ]
Amerika (het)	Amerika	[amerika]
Noord-Amerika (het)	Noord-Amerika	[noərd-amerika]
Zuid-Amerika (het)	Suid-Amerika	[sœid-amerika]
Antarctica (het)	Suidpool	[sœid·poəl]
Arctis (de)	Noordpool	[noərd·poəl]

76. Windrichtingen

noorden (het)	**noorde**	[noərdə]
naar het noorden	**na die noorde**	[na di noərdə]
in het noorden	**in die noorde**	[in di noərdə]
noordelijk (bn)	**noordelik**	[noərdəlik]
zuiden (het)	**suide**	[sœidə]
naar het zuiden	**na die suide**	[na di sœidə]
in het zuiden	**in die suide**	[in di sœidə]
zuidelijk (bn)	**suidelik**	[sœidəlik]
westen (het)	**weste**	[vestə]
naar het westen	**na die weste**	[na di vestə]
in het westen	**in die weste**	[in di vestə]
westelijk (bn)	**westelik**	[vestelik]
oosten (het)	**ooste**	[oestə]
naar het oosten	**na die ooste**	[na di oestə]
in het oosten	**in die ooste**	[in di oestə]
oostelijk (bn)	**oostelik**	[oestəlik]

77. Zee. Oceaan

zee (de)	**see**	[seə]
oceaan (de)	**oseaan**	[oseān]
golf (baai)	**golf**	[χolf]
straat (de)	**straat**	[strāt]
grond (vaste grond)	**land**	[lant]
continent (het)	**kontinent**	[kontinent]
eiland (het)	**eiland**	[æjlant]
schiereiland (het)	**skiereiland**	[skir·æjlant]
archipel (de)	**argipel**	[arχipəl]
baai, bocht (de)	**baai**	[bāi]
haven (de)	**hawe**	[havə]
lagune (de)	**strandmeer**	[strand·meər]
kaap (de)	**kaap**	[kǎp]
atol (de)	**atol**	[atol]
rif (het)	**rif**	[rif]
koraal (het)	**koraal**	[korāl]
koraalrif (het)	**koraalrif**	[korāl·rif]
diep (bn)	**diep**	[dip]
diepte (de)	**diepte**	[diptə]
diepzee (de)	**afgrond**	[afχront]
trog (bijv. Marianentrog)	**trog**	[troχ]
stroming (de)	**stroming**	[stromiŋ]
omspoelen (ww)	**omring**	[omriŋ]

oever (de)	oewer	[uvər]
kust (de)	kus	[kus]
vloed (de)	hoogwater	[hoəχ·vatər]
eb (de)	laagwater	[lāχ·vatər]
ondiepte (ondiep water)	sandbank	[sand·bank]
bodem (de)	bodem	[bodem]
golf (hoge ~)	golf	[χolf]
golfkam (de)	kruin	[krœin]
schuim (het)	skuim	[skœim]
storm (de)	storm	[storm]
orkaan (de)	orkaan	[orkān]
tsunami (de)	tsunami	[tsunami]
windstilte (de)	windstilte	[vindstiltə]
kalm (bijv. ~e zee)	kalm	[kalm]
pool (de)	pool	[poəl]
polair (bn)	polêr	[polær]
breedtegraad (de)	breedtegraad	[breədtə·χrāt]
lengtegraad (de)	lengtegraad	[leŋtə·χrāt]
parallel (de)	parallel	[paralləl]
evenaar (de)	ewenaar	[ɛvenār]
hemel (de)	hemel	[heməl]
horizon (de)	horison	[horison]
lucht (de)	lug	[luχ]
vuurtoren (de)	vuurtoring	[fɪrtoriŋ]
duiken (ww)	duik	[dœik]
zinken (ov. een boot)	sink	[sink]
schatten (mv.)	skatte	[skattə]

78. Namen van zeeën en oceanen

Atlantische Oceaan (de)	**Atlantiese oseaan**	[atlantisə oseān]
Indische Oceaan (de)	**Indiese Oseaan**	[indisə oseān]
Stille Oceaan (de)	**Stille Oseaan**	[stillə oseān]
Noordelijke IJszee (de)	**Noordelike Yssee**	[noərdelikə ajs·seə]
Zwarte Zee (de)	**Swart See**	[swart seə]
Rode Zee (de)	**Rooi See**	[roj seə]
Gele Zee (de)	**Geel See**	[χeəl seə]
Witte Zee (de)	**Witsee**	[vit·seə]
Kaspische Zee (de)	**Kaspiese See**	[kaspisə seə]
Dode Zee (de)	**Dooie See**	[dojə seə]
Middellandse Zee (de)	**Middellandse See**	[middəllandsə seə]
Egeïsche Zee (de)	**Egeïese See**	[ɛχejesə seə]
Adriatische Zee (de)	**Adriatiese See**	[adriatisə seə]
Arabische Zee (de)	**Arabiese See**	[arabisə seə]

Japanse Zee (de)	**Japanse See**	[japaŋsə seə]
Beringzee (de)	**Beringsee**	[beriŋ·seə]
Zuid-Chinese Zee (de)	**Suid-Sjinese See**	[sœid-ʃinesə seə]
Koraalzee (de)	**Koraalsee**	[korāl·seə]
Tasmanzee (de)	**Tasmansee**	[tasmaŋ·seə]
Caribische Zee (de)	**Karibiese See**	[karibisə seə]
Barentszzee (de)	**Barentssee**	[barents·seə]
Karische Zee (de)	**Karasee**	[kara·seə]
Noordzee (de)	**Noordsee**	[noərd·seə]
Baltische Zee (de)	**Baltiese See**	[baltisə seə]
Noorse Zee (de)	**Noorse See**	[noərsə seə]

79. Bergen

berg (de)	**berg**	[berχ]
bergketen (de)	**bergreeks**	[berχ·reəks]
gebergte (het)	**bergrug**	[berχ·ruχ]
bergtop (de)	**top**	[top]
bergpiek (de)	**piek**	[pik]
voet (ov. de berg)	**voet**	[fut]
helling (de)	**helling**	[hɛlliŋ]
vulkaan (de)	**vulkaan**	[fulkān]
actieve vulkaan (de)	**aktiewe vulkaan**	[aktiwə fulkān]
uitgedoofde vulkaan (de)	**rustende vulkaan**	[rustendə fulkān]
uitbarsting (de)	**uitbarsting**	[œitbarstiŋ]
krater (de)	**krater**	[kratər]
magma (het)	**magma**	[maχma]
lava (de)	**lawa**	[lava]
gloeiend (~e lava)	**gloeiende**	[χlujendə]
kloof (canyon)	**diepkloof**	[dip·kloəf]
bergkloof (de)	**kloof**	[kloəf]
spleet (de)	**skeur**	[skøər]
afgrond (de)	**afgrond**	[afχront]
bergpas (de)	**bergpas**	[berχ·pas]
plateau (het)	**plato**	[plato]
klip (de)	**krans**	[kraŋs]
heuvel (de)	**kop**	[kop]
gletsjer (de)	**gletser**	[χletsər]
waterval (de)	**waterval**	[vatər·fal]
geiser (de)	**geiser**	[χæjsər]
meer (het)	**meer**	[meər]
vlakte (de)	**vlakte**	[flaktə]
landschap (het)	**landskap**	[landskap]
echo (de)	**eggo**	[ɛχχo]

alpinist (de)	alpinis	[alpinis]
bergbeklimmer (de)	bergklimmer	[berχ·klimmər]
trotseren (berg ~)	baasraak	[bāsrāk]
beklimming (de)	beklimming	[beklimmiŋ]

80. Bergen namen

Alpen (de)	die Alpe	[di alpə]
Mont Blanc (de)	Mont Blanc	[mon blan]
Pyreneeën (de)	die Pireneë	[di pirenɛ]

Karpaten (de)	die Karpate	[di karpatə]
Oeralgebergte (het)	die Oeralgebergte	[di ural·χəberχtə]
Kaukasus (de)	die Koukasus Gebergte	[di kæʊkasus χəberχtə]
Elbroes (de)	Elbroes	[ɛlbrus]

Altaj (de)	die Altai-gebergte	[di altaj-χəberχtə]
Tiensjan (de)	die Tian Shan	[di tian ʃan]
Pamir (de)	die Pamir	[di pamir]
Himalaya (de)	die Himalajas	[di himalajas]
Everest (de)	Everest	[ɛverest]

Andes (de)	die Andes	[di andes]
Kilimanjaro (de)	Kilimanjaro	[kilimandʒaro]

81. Rivieren

rivier (de)	rivier	[rifir]
bron (~ van een rivier)	bron	[bron]
rivierbedding (de)	rivierbed	[rifir·bet]
rivierbekken (het)	stroomgebied	[stroəm·χebit]
uitmonden in ...	uitmond in ...	[œitmont in ...]

zijrivier (de)	syrivier	[saj·rifir]
oever (de)	oewer	[uvər]

stroming (de)	stroming	[stromiŋ]
stroomafwaarts (bw)	stroomafwaarts	[stroəm·afvārts]
stroomopwaarts (bw)	stroomopwaarts	[stroəm·opvārts]

overstroming (de)	oorstroming	[oərstromiŋ]
overstroming (de)	oorstroming	[oərstromiŋ]
buiten zijn oevers treden	oor sy walle loop	[oər saj vallə loəp]
overstromen (ww)	oorstroom	[oərstroəm]

zandbank (de)	sandbank	[sand·bank]
stroomversnelling (de)	stroomversnellings	[stroəm·fersnɛlliŋs]

dam (de)	damwal	[dam·wal]
kanaal (het)	kanaal	[kanāl]
spaarbekken (het)	opgaardam	[opχār·dam]
sluis (de)	sluis	[slœis]

waterlichaam (het)	**dam**	[dam]
moeras (het)	**moeras**	[muras]
broek (het)	**vlei**	[flæj]
draaikolk (de)	**draaikolk**	[drāj·kolk]

stroom (de)	**spruit**	[sprœit]
drink- (abn)	**drink-**	[drink-]
zoet (~ water)	**vars**	[fars]

ijs (het)	**ys**	[ajs]
bevriezen (rivier, enz.)	**bevries**	[befris]

82. Namen van rivieren

Seine (de)	**Seine**	[sæjn]
Loire (de)	**Loire**	[lua:r]

Theems (de)	**Teems**	[tems]
Rijn (de)	**Ryn**	[rajn]
Donau (de)	**Donau**	[donɔu]

Wolga (de)	**Wolga**	[volga]
Don (de)	**Don**	[don]
Lena (de)	**Lena**	[lena]

Gele Rivier (de)	**Geel Rivier**	[χeəl rifir]
Blauwe Rivier (de)	**Blou Rivier**	[blæʊ rifir]
Mekong (de)	**Mekong**	[mekoŋ]
Ganges (de)	**Ganges**	[χaŋəs]

Nijl (de)	**Nyl**	[najl]
Kongo (de)	**Kongorivier**	[kongo·rifir]
Okavango (de)	**Okavango**	[okavango]
Zambezi (de)	**Zambezi**	[sambesi]
Limpopo (de)	**Limpopo**	[limpopo]
Mississippi (de)	**Mississippi**	[mississippi]

83. Bos

bos (het)	**bos**	[bos]
bos- (abn)	**bos-**	[bos-]

oerwoud (dicht bos)	**woud**	[væʊt]
bosje (klein bos)	**boord**	[boərt]
open plek (de)	**oopte**	[oəptə]

struikgewas (het)	**struikgewas**	[strœik·χevas]
struiken (mv.)	**struikveld**	[strœik·fɛlt]

paadje (het)	**paadjie**	[pãdʒi]
ravijn (het)	**donga**	[donχa]
boom (de)	**boom**	[boəm]

| blad (het) | blaar | [blār] |
| gebladerte (het) | blare | [blarə] |

vallende bladeren (mv.)	val van die blare	[fal fan di blarə]
vallen (ov. de bladeren)	val	[fal]
boomtop (de)	boomtop	[boəm·top]

tak (de)	tak	[tak]
ent (de)	tak	[tak]
knop (de)	knop	[knop]
naald (de)	naald	[nālt]
dennenappel (de)	dennebol	[dɛnnə·bol]

boom holte (de)	holte	[holtə]
nest (het)	nes	[nes]
hol (het)	gat	[χat]

stam (de)	stam	[stam]
wortel (bijv. boom~s)	wortel	[vortəl]
schors (de)	bas	[bas]
mos (het)	mos	[mos]

ontwortelen (een boom)	ontwortel	[ontwortəl]
kappen (een boom ~)	omkap	[omkap]
ontbossen (ww)	ontbos	[ontbos]
stronk (de)	boomstomp	[boəm·stomp]

kampvuur (het)	kampvuur	[kampfɪr]
bosbrand (de)	bosbrand	[bos·brant]
blussen (ww)	blus	[blus]

boswachter (de)	boswagter	[bos·waχtər]
bescherming (de)	beskerming	[beskermiŋ]
beschermen	beskerm	[beskerm]
(bijv. de natuur ~)		
stroper (de)	wildstroper	[vilt·stropər]
val (de)	slagyster	[slaχ·ajstər]

| plukken (vruchten, enz.) | pluk | [pluk] |
| verdwalen (de weg kwijt zijn) | verdwaal | [ferdwāl] |

84. Natuurlijke hulpbronnen

natuurlijke rijkdommen (mv.)	natuurlike bronne	[natɪrlike bronnə]
delfstoffen (mv.)	minerale	[mineralə]
lagen (mv.)	lae	[laə]
veld (bijv. olie~)	veld	[fɛlt]

winnen (uit erts ~)	myn	[majn]
winning (de)	myn	[majn]
erts (het)	erts	[ɛrts]
mijn (bijv. kolenmijn)	myn	[majn]
mijnschacht (de)	mynskag	[majn·skaχ]
mijnwerker (de)	mynwerker	[majn·werkər]

gas (het)	gas	[χas]
gasleiding (de)	gaspyp	[χas·pajp]

olie (aardolie)	olie	[oli]
olieleiding (de)	olipypleiding	[oli·pajp·læjdiŋ]
oliebron (de)	oliebron	[oli·bron]
boortoren (de)	boortoring	[boər·toriŋ]
tanker (de)	tenkskip	[tɛnk·skip]

zand (het)	sand	[sant]
kalksteen (de)	kalksteen	[kalksteən]
grind (het)	gruis	[χrœis]
veen (het)	veengrond	[feənχront]
klei (de)	klei	[klæj]
steenkool (de)	steenkool	[steən·koəl]

ijzer (het)	yster	[ajstər]
goud (het)	goud	[χæʊt]
zilver (het)	silwer	[silwər]
nikkel (het)	nikkel	[nikkəl]
koper (het)	koper	[kopər]

zink (het)	sink	[sink]
mangaan (het)	mangaan	[manχān]
kwik (het)	kwik	[kwik]
lood (het)	lood	[loət]

mineraal (het)	mineraal	[minerāl]
kristal (het)	kristal	[kristal]
marmer (het)	marmer	[marmər]
uraan (het)	uraan	[urān]

85. Weer

weer (het)	weer	[veər]
weersvoorspelling (de)	weersvoorspelling	[veərs·foərspɛlliŋ]
temperatuur (de)	temperatuur	[temperatɪr]
thermometer (de)	termometer	[termometər]
barometer (de)	barometer	[barometər]

vochtig (bn)	klam	[klam]
vochtigheid (de)	vogtigheid	[foχtiχæjt]

hitte (de)	hitte	[hittə]
heet (bn)	heet	[heət]
het is heet	dis vrekwarm	[dis frekvarm]

het is warm	dit is warm	[dit is varm]
warm (bn)	louwarm	[læʊvarm]

het is koud	dis koud	[dis kæʊt]
koud (bn)	koud	[kæʊt]
zon (de)	son	[son]
schijnen (de zon)	skyn	[skajn]

zonnig (~e dag)	sonnig	[sonnəχ]
opgaan (ov. de zon)	opkom	[opkom]
ondergaan (ww)	ondergaan	[ondərχān]
wolk (de)	wolk	[volk]
bewolkt (bn)	bewolk	[bevolk]
regenwolk (de)	reënwolk	[reɛn·wolk]
somber (bn)	somber	[sombər]
regen (de)	reën	[reɛn]
het regent	dit reën	[dit reɛn]
regenachtig (bn)	reënerig	[reɛnerəχ]
motregenen (ww)	motreën	[motreɛn]
plensbui (de)	stortbui	[stortbœi]
stortbui (de)	reënvlaag	[reɛn·flāχ]
hard (bn)	swaar	[swār]
plas (de)	poeletjie	[puləki]
nat worden (ww)	nat word	[nat vort]
mist (de)	mis	[mis]
mistig (bn)	mistig	[mistəχ]
sneeuw (de)	sneeu	[sniʊ]
het sneeuwt	dit sneeu	[dit sniʊ]

86. Zwaar weer. Natuurrampen

noodweer (storm)	donderstorm	[dondər·storm]
bliksem (de)	weerlig	[veərləχ]
flitsen (ww)	flits	[flits]
donder (de)	donder	[dondər]
donderen (ww)	donder	[dondər]
het dondert	dit donder	[dit dondər]
hagel (de)	hael	[haəl]
het hagelt	dit hael	[dit haəl]
overstromen (ww)	oorstroom	[oərstroəm]
overstroming (de)	oorstroming	[oərstromiŋ]
aardbeving (de)	aardbewing	[ārd·beviŋ]
aardschok (de)	aardskok	[ārd·skok]
epicentrum (het)	episentrum	[ɛpisentrum]
uitbarsting (de)	uitbarsting	[œitbarstiŋ]
lava (de)	lawa	[lava]
wervelwind (de)	tornado	[tornado]
windhoos (de)	tornado	[tornado]
tyfoon (de)	tifoon	[tifoən]
orkaan (de)	orkaan	[orkān]
storm (de)	storm	[storm]

tsunami (de)	**tsunami**	[tsunami]
cycloon (de)	**sikloon**	[sikloən]
onweer (het)	**slegte weer**	[slɛχtə veər]
brand (de)	**brand**	[brant]
ramp (de)	**ramp**	[ramp]
meteoriet (de)	**meteoriet**	[meteorit]
lawine (de)	**lawine**	[lavinə]
sneeuwverschuiving (de)	**sneeulawine**	[sniʊ·lavinə]
sneeuwjacht (de)	**sneeustorm**	[sniʊ·storm]
sneeuwstorm (de)	**sneeustorm**	[sniʊ·storm]

FAUNA

87. Zoogdieren. Roofdieren

roofdier (het)	**roofdier**	[roəf·dir]
tijger (de)	**tier**	[tir]
leeuw (de)	**leeu**	[liʊ]
wolf (de)	**wolf**	[volf]
vos (de)	**vos**	[fos]
jaguar (de)	**jaguar**	[jaχuar]
luipaard (de)	**luiperd**	[lœipert]
jachtluipaard (de)	**jagluiperd**	[jaχ·lœipert]
panter (de)	**swart luiperd**	[swart lœipert]
poema (de)	**poema**	[puma]
sneeuwluipaard (de)	**sneeuluiperd**	[sniʊ·lœipert]
lynx (de)	**los**	[los]
coyote (de)	**prèriewolf**	[præri·volf]
jakhals (de)	**jakkals**	[jakkals]
hyena (de)	**hiëna**	[hiɛna]

88. Wilde dieren

dier (het)	**dier**	[dir]
beest (het)	**beest**	[beəst]
eekhoorn (de)	**eekhoring**	[eəkhoriŋ]
egel (de)	**krimpvarkie**	[krimpfarki]
haas (de)	**hasie**	[hasi]
konijn (het)	**konyn**	[konajn]
das (de)	**das**	[das]
wasbeer (de)	**wasbeer**	[vasbeər]
hamster (de)	**hamster**	[hamstər]
marmot (de)	**marmot**	[marmot]
mol (de)	**mol**	[mol]
muis (de)	**muis**	[mœis]
rat (de)	**rot**	[rot]
vleermuis (de)	**vlermuis**	[fler·mœis]
hermelijn (de)	**hermelyn**	[hermələjn]
sabeldier (het)	**sabel, sabeldier**	[sabəl], [sabəl·dir]
marter (de)	**marter**	[martər]
wezel (de)	**wesel**	[vesəl]
nerts (de)	**nerts**	[nerts]

bever (de)	bewer	[bevər]
otter (de)	otter	[ottər]
paard (het)	perd	[pert]
eland (de)	eland	[ɛlant]
hert (het)	hert	[hert]
kameel (de)	kameel	[kameəl]
bizon (de)	bison	[bison]
oeros (de)	wisent	[visent]
buffel (de)	buffel	[buffəl]
zebra (de)	sebra, kwagga	[sebra], [kwaχχa]
antilope (de)	wildsbok	[vilds·bok]
ree (de)	reebok	[reəbok]
damhert (het)	damhert	[damhert]
gems (de)	gems	[χems]
everzwijn (het)	wildevark	[vildə·fark]
walvis (de)	walvis	[valfis]
rob (de)	seehond	[seə·hont]
walrus (de)	walrus	[valrus]
zeehond (de)	seebeer	[seə·beər]
dolfijn (de)	dolfyn	[dolfajn]
beer (de)	beer	[beər]
ijsbeer (de)	ysbeer	[ajs·beər]
panda (de)	panda	[panda]
aap (de)	aap	[ãp]
chimpansee (de)	sjimpansee	[ʃimpaŋseə]
orang-oetan (de)	orangoetang	[oranχutaŋ]
gorilla (de)	gorilla	[χorilla]
makaak (de)	makaak	[makãk]
gibbon (de)	gibbon	[χibbon]
olifant (de)	olifant	[olifant]
neushoorn (de)	renoster	[renostər]
giraffe (de)	kameelperd	[kameəl·pert]
nijlpaard (het)	seekoei	[seə·kui]
kangoeroe (de)	kangaroe	[kanχaru]
koala (de)	koala	[koala]
mangoest (de)	muishond	[mœis·hont]
chinchilla (de)	chinchilla, tjintjilla	[tʃin·tʃila]
stinkdier (het)	stinkmuishond	[stinkmœis·hont]
stekelvarken (het)	ystervark	[ajstər·fark]

89. Huisdieren

poes (de)	kat	[kat]
kater (de)	kater	[katər]
hond (de)	hond	[hont]

85

paard (het)	perd	[pert]
hengst (de)	hings	[hiŋs]
merrie (de)	merrie	[merri]

koe (de)	koei	[kui]
stier (de)	bul	[bul]
os (de)	os	[os]

schaap (het)	skaap	[skāp]
ram (de)	ram	[ram]
geit (de)	bok	[bok]
bok (de)	bokram	[bok·ram]

| ezel (de) | donkie, esel | [donki], [eisəl] |
| muilezel (de) | muil | [mœil] |

varken (het)	vark	[fark]
biggetje (het)	varkie	[farki]
konijn (het)	konyn	[konajn]

| kip (de) | hoender, hen | [hundər], [hen] |
| haan (de) | haan | [hān] |

eend (de)	eend	[eent]
woerd (de)	mannetjieseend	[mannəkis·eent]
gans (de)	gans	[χaŋs]

| kalkoen haan (de) | kalkoenmannetjie | [kalkun·mannəki] |
| kalkoen (de) | kalkoen | [kalkun] |

huisdieren (mv.)	huisdiere	[hœis·dirə]
tam (bijv. hamster)	mak	[mak]
temmen (tam maken)	mak maak	[mak māk]
fokken (bijv. paarden ~)	teel	[teəl]

boerderij (de)	plaas	[plās]
gevogelte (het)	pluimvee	[plœimfeə]
rundvee (het)	beeste	[beəstə]
kudde (de)	kudde	[kuddə]

paardenstal (de)	stal	[stal]
zwijnenstal (de)	varkstal	[fark·stal]
koeienstal (de)	koeistal	[kui·stal]
konijnenhok (het)	konynehok	[konajnə·hok]
kippenhok (het)	hoenderhok	[hundər·hok]

90. Vogels

vogel (de)	voël	[foɛl]
duif (de)	duif	[dœif]
mus (de)	mossie	[mossi]
koolmees (de)	mees	[meəs]
ekster (de)	ekster	[ɛkstər]
raaf (de)	raaf	[rāf]

kraai (de)	kraai	[krāi]
kauw (de)	kerkkraai	[kerk·krāi]
roek (de)	roek	[ruk]
eend (de)	eend	[eent]
gans (de)	gans	[χaŋs]
fazant (de)	fisant	[fisant]
arend (de)	arend	[arɛnt]
havik (de)	sperwer	[sperwər]
valk (de)	valk	[falk]
gier (de)	aasvoël	[āsfoɛl]
condor (de)	kondor	[kondor]
zwaan (de)	swaan	[swān]
kraanvogel (de)	kraanvoël	[krān·foɛl]
ooievaar (de)	ooievaar	[ojefār]
papegaai (de)	papegaai	[papəχāi]
kolibrie (de)	kolibrie	[kolibri]
pauw (de)	pou	[pæʊ]
struisvogel (de)	volstruis	[folstrœis]
reiger (de)	reier	[ræjer]
flamingo (de)	flamink	[flamink]
pelikaan (de)	pelikaan	[pelikān]
nachtegaal (de)	nagtegaal	[naχteχāl]
zwaluw (de)	swael	[swaəl]
lijster (de)	lyster	[lajstər]
zanglijster (de)	sanglyster	[saŋlajstər]
merel (de)	merel	[merəl]
gierzwaluw (de)	windswael	[vindswaəl]
leeuwerik (de)	lewerik	[leverik]
kwartel (de)	kwartel	[kwartəl]
specht (de)	speg	[speχ]
koekoek (de)	koekoek	[kukuk]
uil (de)	uil	[œil]
oehoe (de)	ooruil	[oərœil]
auerhoen (het)	auerhoen	[ɔuer·hun]
korhoen (het)	korhoen	[korhun]
patrijs (de)	patrys	[patrajs]
spreeuw (de)	spreeu	[spriʊ]
kanarie (de)	kanarie	[kanari]
hazelhoen (het)	bonasa hoen	[bonasa hun]
vink (de)	gryskoppie	[χrajskoppi]
goudvink (de)	bloedvink	[bludfink]
meeuw (de)	seemeeu	[seəmiʊ]
albatros (de)	albatros	[albatros]
pinguïn (de)	pikkewyn	[pikkəvajn]

91. Vis. Zeedieren

brasem (de)	brasem	[brasem]
karper (de)	karp	[karp]
baars (de)	baars	[bârs]
meerval (de)	katvis, seebaber	[katfis], [seə·babər]
snoek (de)	snoek	[snuk]
zalm (de)	salm	[salm]
steur (de)	steur	[støər]
haring (de)	haring	[hariŋ]
atlantische zalm (de)	atlantiese salm	[atlantisə salm]
makreel (de)	makriel	[makril]
platvis (de)	platvis	[platfis]
snoekbaars (de)	varswatersnoek	[farswatər·snuk]
kabeljauw (de)	kabeljou	[kabeljæʊ]
tonijn (de)	tuna	[tuna]
forel (de)	forel	[forəl]
paling (de)	paling	[paliŋ]
sidderrog (de)	drilvis	[drilfis]
murene (de)	bontpaling	[bontpaliŋ]
piranha (de)	piranha	[piranha]
haai (de)	haai	[hãi]
dolfijn (de)	dolfyn	[dolfajn]
walvis (de)	walvis	[valfis]
krab (de)	krap	[krap]
kwal (de)	jellievis	[jelli·fis]
octopus (de)	seekat	[seə·kat]
zeester (de)	seester	[seə·stər]
zee-egel (de)	see-egel, seekastaiing	[seə·eχel], [seə·kastajiŋ]
zeepaardje (het)	seeperdjie	[seə·perdʒi]
oester (de)	oester	[ustər]
garnaal (de)	garnaal	[χarnãl]
kreeft (de)	kreef	[kreəf]
langoest (de)	seekreef	[seə·kreəf]

92. Amfibieën. Reptielen

slang (de)	slang	[slaŋ]
giftig (slang)	giftig	[χiftəχ]
adder (de)	adder	[addər]
cobra (de)	kobra	[kobra]
python (de)	luislang	[lœislaŋ]
boa (de)	boa, konstriktorslang	[boa], [koŋstriktor·slaŋ]
ringslang (de)	ringslang	[riŋ·slaŋ]

| ratelslang (de) | ratelslang | [ratəl·slaŋ] |
| anaconda (de) | anakonda | [anakonda] |

hagedis (de)	akkedis	[akkedis]
leguaan (de)	leguaan	[leχuãn]
varaan (de)	likkewaan	[likkevãn]
salamander (de)	salamander	[salamandər]
kameleon (de)	verkleurmannetjie	[ferkløər·manneki]
schorpioen (de)	skerpioen	[skerpiun]

schildpad (de)	skilpad	[skilpat]
kikker (de)	padda	[padda]
pad (de)	brulpadda	[brul·padda]
krokodil (de)	krokodil	[krokodil]

93. Insecten

insect (het)	insek	[insek]
vlinder (de)	skoenlapper	[skunlappər]
mier (de)	mier	[mir]
vlieg (de)	vlieg	[fliχ]
mug (de)	muskiet	[muskit]
kever (de)	kewer	[kevər]

wesp (de)	perdeby	[perdə·baj]
bij (de)	by	[baj]
hommel (de)	hommelby	[homməl·baj]
horzel (de)	perdevlieg	[perdə·fliχ]

| spin (de) | spinnekop | [spinnə·kop] |
| spinnenweb (het) | spinnerak | [spinnə·rak] |

libel (de)	naaldekoker	[nãldə·kokər]
sprinkhaan (de)	sprinkaan	[sprinkãn]
nachtvlinder (de)	mot	[mot]

kakkerlak (de)	kakkerlak	[kakkerlak]
teek (de)	bosluis	[boslœis]
vlo (de)	vlooi	[floj]
kriebelmug (de)	muggie	[muχχi]

treksprinkhaan (de)	treksprinkhaan	[trek·sprinkhãn]
slak (de)	slak	[slak]
krekel (de)	kriek	[krik]
glimworm (de)	vuurvliegie	[fɪrfliχi]
lieveheersbeestje (het)	lieweheersbesie	[liveheers·besi]
meikever (de)	lentekewer	[lentekevər]

bloedzuiger (de)	bloedsuier	[blud·sœiər]
rups (de)	ruspe	[ruspə]
aardworm (de)	erdwurm	[ɛrd·vurm]
larve (de)	larwe	[larvə]

89

FLORA

94. Bomen

boom (de)	**boom**	[boəm]
loof- (abn)	**bladwisselend**	[bladwisselent]
dennen- (abn)	**kegeldraend**	[keχɛldraent]
groenblijvend (bn)	**immergroen**	[immərχrun]
appelboom (de)	**appelboom**	[appɛl·boəm]
perenboom (de)	**peerboom**	[peər·boəm]
kers (de)	**kersieboom**	[kersi·boəm]
zoete kers (de)	**soetkersieboom**	[sutkersi·boəm]
zure kers (de)	**suurkersieboom**	[sɪrkersi·boəm]
pruimelaar (de)	**pruimeboom**	[prœimə·boəm]
berk (de)	**berk**	[berk]
eik (de)	**eik**	[æjk]
linde (de)	**lindeboom**	[lində·boəm]
esp (de)	**trilpopulier**	[trilpopulir]
esdoorn (de)	**esdoring**	[ɛsdoriŋ]
spar (de)	**spar**	[spar]
den (de)	**denneboom**	[dɛnnə·boəm]
lariks (de)	**lorkeboom**	[lorkə·boəm]
zilverspar (de)	**den**	[den]
ceder (de)	**seder**	[sedər]
populier (de)	**populier**	[populir]
lijsterbes (de)	**lysterbessie**	[lajstərbɛssi]
wilg (de)	**wilger**	[vilχər]
els (de)	**els**	[ɛls]
beuk (de)	**beuk**	[bøək]
iep (de)	**olm**	[olm]
es (de)	**esboom**	[ɛs·boəm]
kastanje (de)	**kastaiing**	[kastajiŋ]
magnolia (de)	**magnolia**	[maχnolia]
palm (de)	**palm**	[palm]
cipres (de)	**sipres**	[sipres]
mangrove (de)	**wortelboom**	[vortəl·boəm]
baobab (apenbroodboom)	**kremetart**	[kremetart]
eucalyptus (de)	**bloekom**	[blukom]
mammoetboom (de)	**mammoetboom**	[mammut·boəm]

95. Heesters

struik (de)	struik	[strœik]
heester (de)	bossie	[bossi]
wijnstok (de)	wingerdstok	[viŋərd·stok]
wijngaard (de)	wingerd	[viŋərt]
frambozenstruik (de)	framboosstruik	[frambœs·strœik]
zwarte bes (de)	swartbessiestruik	[swartbɛssi·strœik]
rode bessenstruik (de)	rooi aalbessiestruik	[roj ālbɛssi·strœik]
kruisbessenstruik (de)	appelliefiestruik	[appɛllifi·strœik]
acacia (de)	akasia	[akasia]
zuurbes (de)	suurbessie	[sɪr·bɛssi]
jasmijn (de)	jasmyn	[jasmajn]
jeneverbes (de)	jenewer	[jenevər]
rozenstruik (de)	roosstruik	[rœs·strœik]
hondsroos (de)	hondsroos	[honds·rœs]

96. Vruchten. Bessen

vrucht (de)	vrug	[fruχ]
vruchten (mv.)	vrugte	[fruχtə]
appel (de)	appel	[appəl]
peer (de)	peer	[peər]
pruim (de)	pruim	[prœim]
aardbei (de)	aarbei	[ārbæj]
kers (de)	kersie	[kersi]
zure kers (de)	suurkersie	[sɪr·kersi]
zoete kers (de)	soetkersie	[sut·kersi]
druif (de)	druif	[drœif]
framboos (de)	framboos	[frambœs]
zwarte bes (de)	swartbessie	[swartbɛssi]
rode bes (de)	rooi aalbessie	[roj ālbɛssi]
kruisbes (de)	appelliefie	[appɛllifi]
veenbes (de)	bosbessie	[bosbɛssi]
sinaasappel (de)	lemoen	[lemun]
mandarijn (de)	nartjie	[narki]
ananas (de)	pynappel	[pajnappəl]
banaan (de)	piesang	[pisaŋ]
dadel (de)	dadel	[dadəl]
citroen (de)	suurlemoen	[sɪr·lemun]
abrikoos (de)	appelkoos	[appɛlkœs]
perzik (de)	perske	[perskə]
kiwi (de)	kiwi, kiwivrug	[kivi], [kivi·fruχ]
grapefruit (de)	pomelo	[pomelo]

bes (de)	bessie	[bɛssi]
bessen (mv.)	bessies	[bɛssis]
vossenbes (de)	pryselbessie	[prajsɛlbɛssi]
bosaardbei (de)	wilde aarbei	[vildə ārbæj]
bosbes (de)	bloubessie	[blæʊbɛssi]

97. Bloemen. Planten

| bloem (de) | blom | [blom] |
| boeket (het) | boeket | [buket] |

roos (de)	roos	[roəs]
tulp (de)	tulp	[tulp]
anjer (de)	angelier	[anχəlir]
gladiool (de)	swaardlelie	[swārd·leli]

korenbloem (de)	koringblom	[koriŋblom]
klokje (het)	grasklokkie	[χras·klokki]
paardenbloem (de)	perdeblom	[perdə·blom]
kamille (de)	kamille	[kamillə]

aloë (de)	aalwyn	[ālwajn]
cactus (de)	kaktus	[kaktus]
ficus (de)	rubberplant	[rubbər·plant]

lelie (de)	lelie	[leli]
geranium (de)	malva	[malfa]
hyacint (de)	hiasint	[hiasint]

mimosa (de)	mimosa	[mimosa]
narcis (de)	narsing	[narsiŋ]
Oostindische kers (de)	kappertjie	[kapperki]

orchidee (de)	orgidee	[orχideə]
pioenroos (de)	pinksterroos	[pinkstər·roəs]
viooltje (het)	viooltjie	[fioəlki]

driekleurig viooltje (het)	gesiggie	[χesiχi]
vergeet-mij-nietje (het)	vergeet-my-nietjie	[ferχeət-maj-niki]
madeliefje (het)	madeliefie	[madelifi]

papaver (de)	papawer	[papavər]
hennep (de)	hennep	[hɛnnəp]
munt (de)	kruisement	[krœisəment]

| lelietje-van-dalen (het) | dallelie | [dalleli] |
| sneeuwklokje (het) | sneeuklokkie | [sniʊ·klokki] |

brandnetel (de)	brandnetel	[brant·netəl]
veldzuring (de)	veldsuring	[fɛltsuriŋ]
waterlelie (de)	waterlelie	[vatər·leli]
varen (de)	varing	[fariŋ]
korstmos (het)	korsmos	[korsmos]
oranjerie (de)	broeikas	[bruikas]

| gazon (het) | grasperk | [χras·perk] |
| bloemperk (het) | blombed | [blom·bet] |

plant (de)	plant	[plant]
gras (het)	gras	[χras]
graspriet (de)	graspriet	[χras·sprit]

blad (het)	blaar	[blār]
bloemblad (het)	kroonblaar	[kroən·blār]
stengel (de)	stingel	[stiŋəl]
knol (de)	knol	[knol]

| scheut (de) | saailing | [sājliŋ] |
| doorn (de) | doring | [doriŋ] |

bloeien (ww)	bloei	[blui]
verwelken (ww)	verlep	[ferlep]
geur (de)	reuk	[røək]
snijden (bijv. bloemen ~)	sny	[snaj]
plukken (bloemen ~)	pluk	[pluk]

98. Granen, graankorrels

graan (het)	graan	[χrān]
graangewassen (mv.)	graangewasse	[χrān·χəwassə]
aar (de)	aar	[ār]

tarwe (de)	koring	[koriŋ]
rogge (de)	rog	[roχ]
haver (de)	hawer	[havər]
gierst (de)	gierst	[χirst]
gerst (de)	gars	[χars]

maïs (de)	mielie	[mili]
rijst (de)	rys	[rajs]
boekweit (de)	bokwiet	[bokwit]

erwt (de)	ertjie	[ɛrki]
boon (de)	nierboon	[nir·boən]
soja (de)	soja	[soja]
linze (de)	lensie	[lɛŋsi]
bonen (mv.)	boontjies	[boənkis]

LANDEN VAN DE WERELD

99. Landen. Deel 1

Afghanistan (het)	Afghanistan	[afχanistan]
Albanië (het)	Albanië	[albaniɛ]
Argentinië (het)	Argentinië	[arχentiniɛ]
Armenië (het)	Armenië	[armeniɛ]
Australië (het)	Australië	[ɔustraliɛ]
Azerbeidzjan (het)	Azerbeidjan	[azerbæjdjan]

Bahama's (mv.)	die Bahamas	[di bahamas]
Bangladesh (het)	Bangladesj	[bangladeʃ]
België (het)	België	[belχiɛ]
Bolivia (het)	Bolivië	[boliviɛ]
Bosnië en Herzegovina (het)	Bosnië & Herzegowina	[bosniɛ en hersegovina]
Brazilië (het)	Brasilië	[brasiliɛ]
Bulgarije (het)	Bulgarye	[bulχaraje]

Cambodja (het)	Kambodja	[kambodja]
Canada (het)	Kanada	[kanada]
Chili (het)	Chili	[tʃili]
China (het)	Sjina	[ʃina]
Colombia (het)	Colombia, Kolombië	[kolombia], [kolombiɛ]
Cuba (het)	Kuba	[kuba]
Cyprus (het)	Ciprus	[siprus]

Denemarken (het)	Denemarke	[denemarkə]
Dominicaanse Republiek (de)	Dominikaanse Republiek	[dominikāŋsə republik]
Duitsland (het)	Duitsland	[dœitslant]
Ecuador (het)	Ecuador	[ɛkuador]
Egypte (het)	Egipte	[ɛχiptə]
Engeland (het)	Engeland	[ɛŋəlant]

Estland (het)	Estland	[ɛstlant]
Finland (het)	Finland	[finlant]
Frankrijk (het)	Frankryk	[frankrajk]
Frans-Polynesië	Frans-Polinesië	[fraŋs-polinesiɛ]
Georgië (het)	Georgië	[χeorχiɛ]
Ghana (het)	Ghana	[χana]

Griekenland (het)	Griekeland	[χrikəlant]
Groot-Brittannië (het)	Groot-Brittanje	[χroət-brittanje]
Haïti (het)	Haïti	[haïti]
Hongarije (het)	Hongarye	[honχaraje]
Ierland (het)	Ierland	[irlant]
IJsland (het)	Ysland	[ajslant]

India (het)	Indië	[indiɛ]
Indonesië (het)	Indonesië	[indonesiɛ]

Irak (het)	Irak	[irak]
Iran (het)	Iran	[iran]
Israël (het)	Israel	[israəl]
Italië (het)	Italië	[italiɛ]

100. Landen. Deel 2

Jamaica (het)	Jamaika	[jamajka]
Japan (het)	Japan	[japan]
Jordanië (het)	Jordanië	[jordaniɛ]
Kazakstan (het)	Kazakstan	[kasakstan]
Kenia (het)	Kenia	[kenia]
Kirgizië (het)	Kirgisië	[kirχisiɛ]
Koeweit (het)	Kuwait	[kuvajt]

Kroatië (het)	Kroasië	[kroasiɛ]
Laos (het)	Laos	[laos]
Letland (het)	Letland	[letlant]
Libanon (het)	Libanon	[libanon]
Libië (het)	Libië	[libiɛ]
Liechtenstein (het)	Lichtenstein	[liχtɛŋstejn]
Litouwen (het)	Litoue	[litæʊə]

Luxemburg (het)	Luksemburg	[luksemburχ]
Macedonië (het)	Masedonië	[masedoniɛ]
Madagaskar (het)	Madagaskar	[madaχaskar]
Maleisië (het)	Maleisië	[malæjsiɛ]
Malta (het)	Malta	[malta]
Marokko (het)	Marokko	[marokko]
Mexico (het)	Meksiko	[meksiko]

Moldavië (het)	Moldawië	[moldaviɛ]
Monaco (het)	Monako	[monako]
Mongolië (het)	Mongolië	[monχoliɛ]
Montenegro (het)	Montenegro	[montenegro]
Myanmar (het)	Myanmar	[mjanmar]
Namibië (het)	Namibië	[namibiɛ]
Nederland (het)	Nederland	[nederlant]

Nepal (het)	Nepal	[nepal]
Nieuw-Zeeland (het)	Nieu-Seeland	[niu-seəlant]
Noord-Korea (het)	Noord-Korea	[noərd-korea]
Noorwegen (het)	Noorweë	[noərweɛ]
Oekraïne (het)	Oekraïne	[ukraïnə]
Oezbekistan (het)	Oezbekistan	[uzbekistan]
Oostenrijk (het)	Oostenryk	[oəstenrajk]

101. Landen. Deel 3

Pakistan (het)	Pakistan	[pakistan]
Palestijnse autonomie (de)	Palestina	[palestina]
Panama (het)	Panama	[panama]

95

Paraguay (het)	**Paraguay**	[paragwaj]
Peru (het)	**Peru**	[peru]
Polen (het)	**Pole**	[polə]
Portugal (het)	**Portugal**	[portuχal]
Roemenië (het)	**Roemenië**	[rumeniɛ]
Rusland (het)	**Rusland**	[ruslant]
Saoedi-Arabië (het)	**Saoedi-Arabië**	[saudi-arabiɛ]
Schotland (het)	**Skotland**	[skotlant]
Senegal (het)	**Senegal**	[seneχal]
Servië (het)	**Serwië**	[serwiɛ]
Slovenië (het)	**Slovenië**	[slofeniɛ]
Slowakije (het)	**Slowakye**	[slovakaje]
Spanje (het)	**Spanje**	[spanje]
Suriname (het)	**Suriname**	[surinamə]
Syrië (het)	**Sirië**	[siriɛ]
Tadzjikistan (het)	**Tadjikistan**	[tadʒikistan]
Taiwan (het)	**Taiwan**	[tajvan]
Tanzania (het)	**Tanzanië**	[tansaniɛ]
Tasmanië (het)	**Tasmanië**	[tasmaniɛ]
Thailand (het)	**Thailand**	[tajlant]
Tsjechië (het)	**Tjeggië**	[ʧeχiɛ]
Tunesië (het)	**Tunisië**	[tunisiɛ]
Turkije (het)	**Turkye**	[turkaje]
Turkmenistan (het)	**Turkmenistan**	[turkmenistan]
Uruguay (het)	**Uruguay**	[urugwaj]
Vaticaanstad (de)	**Vatikaan**	[fatikãn]
Venezuela (het)	**Venezuela**	[fenesuela]
Verenigde Arabische Emiraten	**Verenigde Arabiese Emirate**	[fereniχdə arabisə emiratə]
Verenigde Staten van Amerika	**Verenigde State van Amerika**	[fereniχdə statə fan amerika]
Vietnam (het)	**Viëtnam**	[viɛtnam]
Wit-Rusland (het)	**Belarus**	[belarus]
Zanzibar (het)	**Zanzibar**	[zanzibar]
Zuid-Afrika (het)	**Suid-Afrika**	[sœid-afrika]
Zuid-Korea (het)	**Suid-Korea**	[sœid-korea]
Zweden (het)	**Swede**	[swedə]
Zwitserland (het)	**Switserland**	[switsərlant]